リヤカー引いて アフリカ縦断

時速5キロの歩き旅

吉田正仁
Yoshida, Masahito

発売 小学館
発行 小学館クリエイティブ

目次

タンゴ
11 エリコの戦い
12 ノーベンバー ... 82
13 社電 ... 93
14 ニューヨークへ ... 98
15 ハイランドの章 ... 105
16 サイコロ ... 110
17 レバノン ... 113
18 エリアヌの敵意 ... 121
19 北角オグ ... 129
20 オルガネサフスキイ ... 134

パート四
21 南回廊店員 ... 142
22 エレベーター ... 150
23 ランジェ ... 154

ダンス
24 国人 ... 158
25 ラストラリアの ... 161
26 「タンゴ」への依頼 ... 164

パート五
26 ダンシング ... 178
27 キングの睨み ... 186
28 月見 ... 190
29 サイキッドソング ... 197
30 エンジェル・ボイス ... 206
31 ヴィンセント ... 211

パート六
32 聖書の国 ... 222
33 誘惑 ... 228
34 ポール・マコーイ ... 242

グレートリフトヴァレーの壮大な光景を前に。

プロローグ

アフリカ・イズ・ビューティフル

さんさんと降り注ぐ光の粒が気持ちよくて、思わず目を細めた。春の風が運ぶ匂いも青葉の瑞々《みずみず》しさをはらんでいる気がする。心の中に春のやわらかな光が差し込んでいるのか、街を行く人たちの表情も一様に穏やかだ。

春の訪れをこんなにも気持ちよく感じたのは初めてのことかもしれない。長く厳しい冬があったから、なおさらそう感じるのだろう。厳冬期のカナダの歩行を避けるため、北米大陸横断を中断した私は同国最大の都市トロントでひと冬を過ごしていた。

登山にトレッキング、あるいはカヤック……。春が過ぎるとアウトドア好きのカナダ人はそれぞれのフィールドへと繰り出し、束の間の夏を謳歌《おうか》する。カナダの雄大な自然を求めて世界各地からやってくる人も少なくない。

半年間の越冬を終えた2011年6月、私はかつての日常へと戻った。広大なカナダを東西に貫くトランス・カナダ・ハイウェイを再び歩き始めれば、連日、世界各国のサイクリストの姿を目にした。

ジャンのことを聞いたのは、オンタリオ州・サンダーベイで出会ったサイクリストからだった。この先のルートについての情報交換が一段落した後、彼は思い出したかのように口にした。

「11年歩いているカナダ人がすぐ近くにいるよ。その男は東へ歩いているから、君もそのうち出会うはずだよ」

「11年歩いているカナダ人」というフレーズに明確な聞き覚えがあった。以前、海外の通信社が配信したニュースで、その男の記事を読んだ記憶があったのだ。

バイクや自転車で世界を旅している人は多いけれど、徒歩旅行者は絶滅危惧種レベルで、めったにいない。この広い地球上で、そんなふたつの旅路が交差するなんて奇跡的ではないか。しかもこの男は11年も旅をしている強者《つわもの》である。一体どんな男なのだろう。興奮と好奇心が入り混じった感情が、体の奥底から湧き上がってくるのを感じた。

数日後、雨がしとしと降る森の中、こちらへやってくる男の姿があった。大きな傘を差して現れた彼を見て、「となりのトトロ」のワンシーンを思い出した。手をあげて挨拶すると彼も同じように手をあげて挨拶を返した。髪は白く、50歳くらいだろうか。眼鏡をかけて穏やかな表情をしている。

彼の名前はジャン・ベリボー。11年前にカナダ・モントリオールの自宅を出発し、徒歩でブラジルまで南下。その後アフリカ大陸、ユーラシア大陸、オセアニアを経てバンクーバーからモントリオールを目指しているところだった。

自己紹介をひと通り済ませた後、「北米大陸の次はオーストラリアの砂漠地帯を歩こうと思っているんです」と話せば、「簡単ではないが、それは素晴らしいチャレンジだ」と優しく微笑みながら言った。

「日本人はとても親切だし、日本は素晴らしい国だった」彼は11年の旅の過程で日本を訪れ、津軽半島の北端に位置する青森県龍飛崎《たっぴざき》から鹿児島市まで日本列島を縦断したらしい。

静寂に包まれた森の中で私たちの声だけが響いている。

「アフリカも歩いてきたんですよね？　病気や治安など問題ありませんでしたか？」

「問題ないよ。なにも心配することなどない」

続けてジャンは言った。

「アフリカ・イズ・ビューティフル」

気がつけばあっという間に30分が過ぎ、足を止めて立ち話をしているあいだにすっかり雨は上がっていた。

「グッドラック。よい旅を」

固い握手を交わし、私たちは再びそれぞれの旅路を歩き始める。何度か後ろを振り返れば、彼もまた同じように振り向いて手を振ってくれた。

ジャンの姿はどんどん小さくなっていき、やがて森の中に呑み込まれて見えなくなったが、「アフリカ・イズ・ビューティフル　―アフリカは美しい―」という彼の言葉が、それ以来胸に突き刺さったままだ。

アフリカにはなにがあるのだろう。どんな人たちが暮らしていて、アフリカのなにが美しいのだろう。

アフリカ大陸の話をする前に、これまでの徒歩行について記しておこうと思う。なぜなら今回の計画はこれまでの旅が根底にあり、続編的要素があることは否めないし、私が思いつきで「単独徒歩によるアフリカ大陸縦断」という計画を始めるわけではないことを知ってもらうために……。

２００９年1月から4年8か月をかけてユーラシア大陸、北米大陸、オーストラリア大陸を歩き、地球一周に相当する4万キロを踏破した。当初より地球一周、4万キロを歩くという長期的な計画があったわけではない。

なにをやっても長続きせず、中途半端だった自分に大きな失望を感じていた。人はなんのために生まれ、なんのために生きるのだろうか。幾度となく自問したが、答えを見つけることはできなかった。なんでもいいから夢中になれるものがほしかった。生きているという実感がほしかった。

同時期、アメリカでサブプライム・ローンの不良債権化を発端にリーマン・ブラザーズが倒産した。その影響は太平洋を越えて日本にまで飛び火し、株価は暴落。日本経済は不況に陥り、非正規社員は職を失い、失業率は上昇した。いわゆるリーマンショックである。

テレビではエコノミストが今後の経済の見通しについて話していた。もう明るい未来はやってこないのではないかと悲観し、鬱々《うつうつ》とした気分になる。重い溜息をひとつ吐き、テレビから目をそらして天井をぼんやりと眺めた。

閉塞感溢《あふ》れる淀んだ空気に包まれながら、私はある町のことを思い浮かべていた。依然エコノミストは重苦しい口調であれこれ話していたけれど、次第にその声が遠ざかっていった。

忘れられない町がある。

十代の終わり頃、私はヨーロッパへ向かう飛行機の中にいた。針葉樹林帯が延々と続く景色は決しておもしろいものではなかったが、変化のない景色が小さな窓の外を流れていく様を無意識のまま眺め続けていた。どれくらいそうしていただろうか。大きなあくびをひとつしたとき、針葉樹が形成する深緑の大海に小さな変化が現れた。私は思わず身を乗り出して、その景色に釘づけになった。

眼下には、赤茶色の屋根で統一された家々が密集する小さな町があった。家や道路、小さな公園に車などが見え、自分の知らない場所で暮らす人たちの存在を強く意識した。

地球上には200近くの国家があり、70億以上の人々が同じ時間を生き、日々の生活を送っている。あらためて確認するまでもなく、当然のことなのかもしれないが、アフリカのサバナで狩りをしている人、モンゴルの草原を馬に乗って走る人のことを思い浮かべても、なにかとせわしい日本ではなかなか実感がわかない。

幼い頃の記憶が蘇《よみがえ》ってきた。学校のグラウンドで空を見上げたとき、青空の中に見えた小さな豆粒ほどの飛行機。あるいは家路を急いでいた夕暮れ時、真っ赤に染まった空を横切っていった飛行機……。

あの日、はるか上空の飛行機に私が気づいたのと同じように、もしかしたら、この町の誰かも私が乗った飛行機の存在に気づき、空を見上げているかもしれないなと思った。

手の届きそうなところに彼らの生活の場があるのに、同じ時代を生きているのに、私と彼らの人生は決して交わることはない。長い人生の中で多くの人と出会うが、そのほとんどはすれ違うだけで終わってしまう。出会いというのは偶然の連鎖である。ひとつひとつの偶然を紡ぎながら、人は生きているのかもしれない。

そんな巡り合わせを、おもしろいものだと思うのと同時に儚《はかな》さを覚えた。名前すら知らないこの小さな町は、そんなことを気づかせてくれた。

10年前、バックパックを背負い、世界を旅したことがあったが、首都や観光地を訪れるだけの旅では好奇心を満たすことはできなかった。私にとっての興味の対象は、世界遺産の遺跡や美術館の名画ではなく、そこで暮らす人たちだった。

多くの旅行者が訪れるヨーロッパのどの街よりも、スーダンの砂漠で辿《たど》り着《つ》いた小さなオアシス、そこで暮らす人の姿が強く印象に残っている。特になにがあるわけでもなかった。いや、むしろなにもなかった。私が惹《ひ》かれたのは、彼らの生活の場が旅行者などめったに訪れない辺鄙《へんぴ》な場所だったからだ。

そんな場所で暮らす人たちと出会い、彼らの生活を垣間《かいま》見て、交わる予定のなかったふたつの人生を交差させてみるのもおもしろいではないか。どうせなら、バスや列車では素通りしてしまうところへゆっくりと歩いて行ってみたい。

気怠《けだる》い空気が漂う昼下がり、漠然とそんな夢を思い描いたのが始まりだった。

もちろん、選ばなければ仕事はあった。しかし、労働の対価として賃金を得ること以外に働く意義を見出《みいだ》せなかった。そして、そんな仕事に今後数十年の人生を捧げることが必ずしも正しいとは思えなかった。

人生を賭けた挑戦をして、それをやり遂げる。もちろんそれは海外へ出ることだけではない。仕事でも家族を守るという生き方でも、自分自身が納得できればなんでもよくて、人それぞれなのだと思う。

私にとっての挑戦がなんであるかを考えたとき、あの日ぼんやりと思い描いた「徒歩で世界を巡る」という夢のような計画が頭の中に浮かんでは消えていった。敷かれたレールの上を歩き、流れに身を任せて生きるのではなく、自分だけの人生を創っていきたい。日に日にその思いは強まっていき、気がつけば心の大部分を占めるまでになっていた。

中国・上海《シャンハイ》からポルトガルまで、徒歩でユーラシア大陸を横断する計画を宣言すると、「自転車でもいいではないか」と知人に言われた。歩いて進める距離は1時間5キロ程度であるのに対し、自転車なら20キロ前後は進め、機動力の差は歴然である。自転車なら下り坂や追い風の中、ペダルを漕《こ》がなくても前へ進めるが、徒歩ならばどんな環境であろうとも常に一歩一歩地を踏んでいかないといけない。まさに究極の人力であり、これこそ私の欲求を満たしてくれるはずだという確信があった。

飛行機を使えば短時間で世界各地へ行けてしまい、スピードが求められる現代において徒歩という手段を選ぶなんて、傍《はた》から見れば常軌を逸しているとしか思えないだろうが、そんな非効率的な手段に惹かれ、のめり込んでしまった。遅ければ遅いほどよい。バスや列車では素通りしてしまう町や村を、時速5キロのスピードで訪れるというのが旅のテーマだった。

少しでも多くの資金をつくるため、タバコをやめて、酒の誘いもすべて断った。仕事の昼休みには車に閉じこもり、装備品の提供をお願いするため、企業に電話をかけて企画書を送付した。着々と準備は整いつつあったが、なにより重要な問題がひとつあった。

これまで長期どころか、一日歩き続けた経験すらなかったし、体力も人並みなのである。

歩き旅について調べていたら、「日本縦断に挑戦する徒歩旅行者はスタート直後の数日で、あまりの辛《つら》さや足の故障でリタイアする人が多い」という記述を見つけた。小さな日本列島でさえリタイア続出だというのに、広大なユーラシア大陸を歩き抜けるのだろうか……。

さすがにこれはまずいと思い、仕事休みの週末に歩くトレーニングを重ねた。その甲斐《かい》あって、1日40キロは歩けるようになったが、毎日継続して40キロを歩き続けられるかは、自分でも不確かだった。

2009年1月1日、上海・人民広場から長い徒歩の旅が始まった。どこまで歩くか予定を立てず、行けるところまで行く毎日だ。ベルトコンベアで運ばれ、流れ作業のように日常をこなしていく日々はもう終わった。あらゆるしがらみから解放され、籠から放たれた鳥のように自由になれた気がした。

テントや寝袋、調理道具など装備品は重く、無補給区間ではたくさんの食料や水を携帯しないといけない。それらを背負って歩くのは現実的ではなく、なんらかの運搬手段が必要だった。動物を使うことを考えたが、国境を越える際に検疫で問題が生じる可能性が高いだろう。いろいろと考えた結果、リヤカーを使うことにした。

昔ながらの大きなリヤカーを目にすることは少なくなった。現在は、折り畳み式のものが主流らしい。調べてみるとかなりの種類のリヤカーが販売されているが、値段も質もピンからキリまで、さまざまだった。最も耐久性に優れたリヤカーを作る、静岡県のナガノという会社に提供してもらえることになった。

リヤカーのタイヤは自転車と同じエアータイヤなので、パンクすることもある。一応パンク修理道具は携帯していたが、修理した経験はないし、修理方法すら知らなかった。

初めてパンク修理をしたのは、中国・ウルムチでのことだ。空気が抜け、ぺしゃんこにつぶれたタイヤを見て、ついにこの日がきたかと腹を括《くく》った。自転車屋へ行くことが一瞬頭をよぎったが、この先歩き続けていくうえでパンク修理は避けては通れない道である。インターネットで「パンク修理」と検索し、修理方法を調べ、半日をかけて修理した。

足首に腱鞘炎《けんしょうえん》を負ったのは、上海を出発してから10日目のことだ。足首が腫れ上がり、歩を進めるたびに猛烈な激痛が走った。何度も地面にうずくまり、痛みに顔を歪《ゆが》めたが、それに耐えて歩き続けた。

カザフスタンの無人地帯で車輪が壊れたが、ひと晩待っても車がやってくることはなく、遭難の危機に見舞われた。ウクライナでは、朝起きると荷物がごっそり消えていて、その後は警察の護衛を受けながら歩いた。冬のブルガリアでは、氷点下25℃の山中で右手の指に凍傷を負い、救急車で搬送され、生まれて初めての入院を経験した。独立して間もないコソボでは、スパイ容疑をかけられて警察に拘束された。

数々のトラブルに見舞われながらも、一歩一歩足跡を刻めば確実に西へ進み、歩行距離は伸びていった。それと同じように、知識や経験も少しずつ蓄積されていった。

ユーラシア大陸西端のゴール、ポルトガル・ロカ岬が目前に迫ったとき、今後について考える必要があった。ひとつのことをやり遂げるという当初の目的を果たして満足していたし、ずっしりとした手ごたえを感じていた。もちろん帰国という選択肢もあったが、この挑戦を継続したいという思いのほうが強かった。

ならばと考えたのが、徒歩による地球一周である。ポルトガルからアメリカへ空路移動し、東海岸から西海岸まで北米大陸を横断すれば、徒歩で地球一周したことになるではないか。

2大陸目の北米では、カナダの森の中での野営中、クマにテントを押しつぶされた。命の危険を感じ、死を覚悟したが、それに懲りることなく、さらなる挑戦が頭に浮かんだ。

どうせ地球一周に挑戦するなら、それに相当する4万キロを歩いてみようではないか、と。

さらにオーストラリア大陸を縦断し、東南アジアを経て、上海へと戻ったのが旅立ちから1621日目のことだった。歩き始めたとき27歳の終わりだった私は32歳になっていた。

帰国し、鳥取市の家に帰ると、愛犬イチローは私のことを忘れ、敵意剥《む》き出しで「ワンワン」吠《ほ》えた。母は韓流ドラマに夢中になり、父の頭は白くなっていた。4[*]年8か月という年月の長さをひしひしと感じた。

*上海到着後、台湾を一周し、さらに大阪から鳥取の自宅までの230キロを歩いた。

帰国後は、地元鳥取県が「鳥取県栄光のチャレンジャー賞」を創設し、第1号の受賞者になった。さらには出版社から声をかけられ、本を刊行する機会をいただいた。

徒歩による地球一周を果たし、それをまとめた本を執筆し、ひと区切りついたわけだが、このまま旅を終えるつもりはなく、私の頭の中にはいつも次のことがあった。

これまでそうだったように、ひとつの目標を達成したらハードルを上げて新たな目標に挑戦したい。次に考えていたのが徒歩による五大陸踏破、残されていたアフリカ大陸と南米大陸を歩くことだった。

これまでの徒歩行では、困難が現れるたびに乗り越え、生きている実感を得られる瞬間は何度もあった。私は歩くことに生きる意義を見出しつつあった。1万キロを歩くだけなら、今の私にとって難しいことではない。しかし、砂漠や山など過酷な自然環境が立ちはだかれば難易度は大きく変わってくる。そしてなにより、これまでの積み重ねを継続し、五大陸踏破に挑戦することは価値があるものに思えた。それにここまできたら、すべてを歩き抜きたいと思うのが人間の心情ではないか。

あの日、カナダの森でジャンが言った「アフリカ・イズ・ビューティフル」という言葉が脳裏に深く刻まれていて、アフリカへの思いは膨らんでいく一方だった。

国の威信をかけた、かつてのヒマラヤ登山や極地遠征とは異なり、徒歩でアフリカを縦断するという計画は国家を挙げての冒険からはほど遠く、個人の趣味という領域におさまってしまう。数々の冒険家が華々しく散った歴史があるわけでも、徒歩行の記録が記された文献が多く残されているわけでもなく、前人のことはなかなか知ることができない。

調べてみると、アフリカ大陸を徒歩で縦断した前例はいくつかあった。古くは1920年代に南アフリカからエジプトまで歩いたオーストラリア人ロナルド・モンスン。南アフリカからモロッコまで歩いた英国人女性フィオナ・キャンベル。フランス人のカップル、アレクサンドルとソニアは、南アフリカからエジプトまで3年以上をかけて歩いている。そしてもうひとりが、同じく南アフリカからエジプトまで歩いたジャン・ベリボーだった。後の2組は大々的なサポートもなく、すべて自分たちの力だけで行っている。

次は俺の番だ。その系譜に自分の名を刻むのだ。鼻息を荒くさせながら、虎視《こし》眈々《たんたん》とアフリカ行きのタイミングを見計らっていたが、家族の理解という唯一無二の問題があった。家族からは4年8か月も世界を歩き続けたのだから、もう満足しているだろうと思われており、「ちょっとまた歩いてきます」とは言いづらい状況だった。

そんなとき、『毎日新聞』によって徒歩によるアフリカ大陸縦断の計画が報道され、家族が知ることになる。なかでも母の怒りはものすごく、記事を読んだ瞬間、力任せに新聞を投げ捨てた。

「２０１４年２月　冷戦勃発」

吉田家に新たな歴史が刻まれた。その後は、かつての米ソの冷戦状態さながらの日々がしばらく続いた。母に話しかけても露骨に無視され、私の食事が用意されることはなくなった。現代における兵糧《ひょうろう》攻《ぜ》めである。私だけならまだいいのだが、徹底抗戦を決めた母は家事を完全に放棄し、父の食事まで用意されなくなった。

この事態を招いた責任をとり、この日以来、私が父の食事の世話もすることになった。私ひとりならインスタントラーメンで簡単に済ませることもできるのだが、さすがにそういうわけにはいかない。

幸い冷戦は1か月ほどで終結したが、母の怒りが鎮まるまでの期間、スーパーへ行くたびに「今晩はなにを作ろうかしら」と、まるで新妻のようにあれこれ献立を考える日々が続いたのだった。

リヤカーやタイヤ、アウトドア道具など、いくつかの会社から提供してもらっているが、資金はすべて自己資金である。現代ではクラウドファンディングという手段でお金を集めることもできるが、それについては懐疑的だった。自分のやりたいことを他人のお金に頼ることが正しいとは思わない。
「どんな小さな登山でも、自分で計画し、準備し、ひとりで行動する。これこそほんとうに満足のいく登山ではないかと思ったのだ」冒険家の植村直己《うえむらなおみ》氏は、著書『青春を山に賭けて』の中でそう記していた。その考えに近いものを私はもっている。

　前回の旅の出発前に貯めた貯金を切り崩しているが、カナダでは越冬しているときに6か月、また、オーストラリアでも猛暑期の歩行を避けたときに4か月、現地で仕事をしてお金を稼いだ。

　基本的にテント泊の毎日だ。安い食堂で食事をとることはあっても、自炊が主なのであまりお金はかからない。しかし1か月前後の登山遠征と違い、徒歩による大陸縦横断となると数か月どころでなく、年単位の計画になってしまう。そのため切り詰めた生活をしていても、いずれ資金は尽きてしまう。

　本の執筆が一段落した後は、工場で流れ作業の歯車となり、市長選の臨時職員として働いた。さらには地元鳥取の特産品である梨の袋掛け、らっきょうの収穫と農作業を経て、富士山の山小屋で働き、アフリカ大陸縦断に備えた資金を貯めた。

　新たな旅立ちを目前に控えたある夜、エジプトの首都カイロで暮らす知人アモーレ丸山《まるやま》さんからメールがあった。長らく連絡をとっていなかったが、ニュースでアフリカ大陸縦断の計画を知ったらしい。

　日本の2・5倍の国土をもつエジプトだが、90パーセントは砂漠地帯である。ナイル川沿いに人口が集中し、あとはわずかな人がオアシスで暮らしているくらいだ。そのためこの国を南下するルートは西方砂漠、ナイル川沿い、紅海沿岸の東方砂漠の3ルートしかなく、とてもシンプルである。

　ナイル川沿いは町が点在するので水や食料の補給も容易だし、ルクソールをはじめとするエジプト文明の遺跡も多く、魅力的だ。しかし、外国人は行動が制限され、警察により強制的に車で運ばれるらしい。できる限り自分の足で歩きたいと考えているので、このルートは除外せざるを得ない。

　人口密度が高い日本で暮らす私にとって、数百キロも延々と無人地帯が続き、地平線を見わたせる砂漠地帯は非日常であり、これもまた魅力的に思えた。白砂漠やオアシスが点在する西方砂漠を南下することを考えていたが、丸山さんからもたらされた情報により、その計画はあっけなく頓挫《とんざ》してしまった。

「最近、西方砂漠にあるファラフラオアシスの軍事検問所がリビアの武装グループに襲撃され、22人の兵士が殺害されたよ。今は警戒度がアップしているから、行動が制限されるんじゃないか」

2010年から2012年にかけて、「アラブの春」と呼ばれる大規模な反政府デモが起こった。しかしその後、政権打倒が実現したエジプトやリビアでは国内の対立や衝突が起こり、シリアでは泥沼の内戦状態に突入する。さらにはイスラム過激組織「IS」が台頭し、アラブ圏は深刻な事態に陥っていた。

旅行者を狙った強盗など、一般的なトラブルであれば自己解決できるが、武装グループに拉致、拘束され、政治取引のカードとして使われることだけは絶対に避けなければならない。

「なんでこのタイミングでそんなことが起こるんだよ」

思わず頭を抱えた。情勢が落ち着くまで待つべきなのかもしれないが、中東情勢がよくなるのを待っていたら何十年とかかってしまうはずだ。

「ならば、残されたルートは紅海沿岸の東方砂漠か」

と地図を睨《にら》む。日本を発《た》つ3日前のできごとだった。

「アフリカ・イズ・ビューティフル」と教えてくれた
ジャン・ベリボー氏（右）とのたった1枚のツーショット。

エジプト

2014年9月5日～10月27日

❶アレクサンドリア
❷カイロ
❸ラス・ガリブ
❹ハルガダ
❺マルサ・アラム
❻アスワン

◎1◎ アフリカ上陸

入国審査官が手招いている。パスポートをわたすと、適当に開いたページにビザを貼り、「ドンッ」とスタンプを押す音が入国審査場に響いた。旅の始まりを感じさせる瞬間だが、ビザは逆さまに貼られていた。「アフリカはスムーズにいかんからね」と、今後の旅が波乱に満ちることを暗示しているかのようだった。

日本からフィリピン・マニラ、アラブ首長国連邦・ドバイを経由してアフリカを目指した。2日連続でそれぞれの空港の硬い椅子で眠り、アフリカの地を踏んだのは日本を発ってから53時間後のことだった。

逆さまに貼られたエジプトのビザ。

毎度のことではあるが、私の旅に綿密な計画というものはない。スタート地点を地中海に面したエジプト・アレクサンドリア、ゴールを南アフリカの喜望峰《きぼうほう》と決めてはいたが、それ以外に関してはまったくの白紙である。ルートの詳細も決まっていなければ、それに必要な日数も見当がつかなかった。しかも、今夜どこに泊まるかもわからなかった。

アレクサンドリアのダウンタウンへ移動し、数軒の安宿が入居するビルに辿り着いた。ほとんどの宿でベッドの空きがなかったが、唯一空きがあったニューウエルカムハウスに投宿した。ウエルカムハウスなんて、宿の屋号からして熱烈歓迎状態ではないか。

しかし、無線LANがあるとのことなのに壊れていて使えないらしい。トイレに入ると誰かの排泄物がプカプカと浮遊していた。なかなか素晴らしい歓迎っぷりだ。

それくらいなら笑って済ませられるが、部屋の鍵が壊れているのは非常に困る。鍵穴に鍵を差し込み、ガチャガチャと何度回しても閉まらない。受付の男に苦情を言うも、肩をすくめるだけで話にならない。部屋を変えてもらおうにも空き部屋はないようだった。早くもアフリカの洗礼を受けてしまう。

「一体、これのどこがウエルカムハウスなのだ」と愚痴りたくもなるが、大量の荷物を持って再度の宿探しをする気にはならなかった。深い溜息をつき、街へ繰り出した。

黄昏《たそがれ》の街を、アラブの民族衣装を着た人たちが行き交っている。そんな人の波の中に紛れ込み、ふらふらとあてもなく彷徨《さまよ》えば、異国情緒溢れる光景がゆっくりと流れていく。

仕事帰りの人や家族連れでごった返し、まるで縁日のように街は活気づいていた。食堂からは白い煙がもうもうと上がり、大きな羊肉の塊を男が刃で削《そ》いでいる。路地裏のチャイ屋では、立派な髭《ひげ》を生やしたおじさんたちがチャイを片手に談笑し、バックギャモンというボードゲームに興じる人の姿もあった。

ほんの数日前までいた日本から世界が一変したことに感覚がついていけず、目に映る景色はどこかぼんやりとしていた。意識が混濁しているかのように、エジプトにいるという実感がまるで湧かない。

しかし、モスクから礼拝を呼びかけるアザーンが街に響いた瞬間、懐かしさを覚えるのと同時に脳細胞が覚醒した。景色に色がつき、サイレント映画に音声が入ったかのように、周囲のざわめきや車のクラクション、アラブ音楽が耳に入り込んできた。


アレクサンドリアはアフリカ大陸北端に位置し地中海に面した、エジプト第二の都市である。穏やかな青い海が陽光を照り返し、キラキラと輝きを放っている。海岸沿いでは、ヒジャーブ（スカーフ状の布）で髪を隠した女性が海を眺めていた。しかし、私が目を向ける先は北（地中海）ではなく南。ここから目指すは、南アフリカの喜望峰だ。

果たして喜望峰に辿り着いて、茫洋《ぼうよう》たる大西洋を見ることはできるのだろうか。喜望峰に立つ姿をイメージしてみるが、アフリカに対する憂懼《ゆうく》が靄《もや》となって想像を遮り、どうしてもうまくいかない。

これまで砂漠や山をいくつも越え、酷暑に極寒など、過酷な環境下も歩いてきた。それなりに経験を積み、自信をもっていたが、アフリカを歩くことに対する不安を拭《ぬぐ》うことはできなかった。病気や治安、危険な野生動物、厳しい自然は、考えるだけでこつこつと築き上げてきた自信をいとも簡単に打ち砕いた。

　距離的なもの以上に、情報的な部分でアフリカは最も遠く、未知の場所だった。日本で報道されるアフリカの姿は、紛争や貧困、病気が主である。そんなイメージが刷り込まれているからか、私が思い描くアフリカはネガティブなものでしかないのだ。

　追い打ちをかけるように、西アフリカではエボラ出血熱が流行し、テロ行為を繰り返すイスラム過激派が暗躍する、とんでもない時期だった。

　南に向けた出発を前に、共同通信社カイロ支局の記者がアレクサンドリアまで取材にきた。中東、北アフリカのイスラム圏はさまざまな問題が燻《くすぶ》り、新聞の国際面を賑わす地域である。取材が一段落した後、裏話をいくつか聞かせてもらった。

「シリアで虐殺があった現場を目指していたときのこと。先導する国連停戦監視団の車が銃撃され、車両に無数の穴があいたときは命の危険を感じました」

アレクサンドリアの街で。右の水面は地中海だ。

当時を思い出しながら記者は静かに語った。内戦が続くシリアは、これから歩くエジプトやスーダンの状況とは大きく異なる。しかしエジプトでも、シナイ半島で軍や警察を狙ったテロが頻発し、カイロでは外務省や大学付近でテロ事件が発生しており、まったく楽観できない状況だった。

最も怖いのが、イスラム過激派による拉致である。

2003年、アメリカ軍の侵攻により首都バグダッドが陥落した翌4月、私はイラクを訪れたことがあった。アルカイダ系組織に拉致されるという最悪な事態に備え、イスラム教のシャハーダ（信仰告白）と聖典コーラン（クルアーン）の開端章の一節を暗記した。イスラム教徒を装うことで殺害される可能性が低くなると考えたのだ。

「ラーイラーハ・イッラッラー、ムハンマド ラスールッラー（アッラーのほかに神はなし、ムハンマドはその使徒である）」

現地の人に発音チェックをしてもらい、暗記したシャハーダとコーランの一節は、10年以上たった今でもしっかりと記憶に刻まれている。コーランは114章からなり、「ほかの章を読め」と言われたらお手上げで、簡単に偽装イスラム教徒がばれるだろう。しかし、気休めにすぎないかもしれないが、なにもしないよりは好印象を与えられると私は信じていた。

イスラム圏において、コーランの一節が生死を分けるというのは決して大袈裟《おおげさ》な話ではない。

CNNニュースによると、2014年11月22日、ケニアのソマリア国境付近で、ソマリアのイスラム過激派アル・シャバブがバスを襲撃し、乗客のうち少なくとも28人を殺害した。乗客らにコーランを暗唱させ、できなかった乗客にその場で銃弾を浴びせたという。

2016年7月1日には、バングラデシュの首都ダッカで、武装グループがレストランを襲撃し、日本人を含む18人の外国人が殺害された。犯人は人質に対し、「お前はイスラム教徒か？」と聞いてコーランの一節を暗唱するよう求め、できない人が殺された。

私が2009年にユーラシア大陸を歩き始めたときは、イスラム圏を歩くつもりだったので、「自衛」のためコーランを持ち歩こうと考えた。しかし酒を嗜《たしな》み、豚肉を愛する私の生活からイスラム教は大きく離れた場所にあった。また、一体どこでコーランを売っているのだろうか。

パソコンに検索ワードを打ち込むと、インターネット創世記を彷彿とさせる、手づくり感溢れる怪しげなイスラムショップに辿り着いた。日亜対訳コーランは８００ページもあって重く、３０００円と安くはなかった。

これから歩く北アフリカこそ、コーランが大活躍する舞台に違いないが、アメリカで暮らす知人の家に置いてきたため、残念ながら手元にはなかった。再購入することも考えたけど、偽装ムスリムのために、さらに３０００円を費やせるほどお金に余裕があるわけではない。六法全書を持たないで法律の試験に挑む気分だが、シャハーダと開端章の暗記のみで、アフリカのイスラム圏へ足を踏み入れることにした。

リヤカーは横幅があるので、大都市の交通量は大きなストレスになる。人口５００万人のアレクサンドリアも例外ではないので、人々の一日が始まる前に街を抜けておきたかった。

闇の中に淡い光を滲《にじ》ませる街灯の下で、荷物をひとつひとつリヤカーに積んでいく。未知なるアフリカ大陸を徒歩で縦断していく旅は、人生の一大イベントのようでもあるが、そんな華々しい響きとは対照的に気持ちが昂《たかぶ》ることはなく、自分でも驚くくらいに淡々としていた。

誰かに見送られることもなければ、儀式めいたこともしない。アレクサンドリアに到着して3日目、「よし行くか」と静かに気合を入れ、まだ暗い5時半より歩き始めた。

アレクサンドリア市街を抜けると、路上に屋台が出ていた。歩き始めてからなにも口にしていないため、小腹が空いていた。どんな料理があるのかわからないので、隣のおじさんが食べているものを指差し、「同じものを」と注文する。

すぐにそら豆を煮込んだフールと、アエーシという素朴な薄焼きのパンが出てきた。エジプトでは定番の朝ご飯らしい。スプーンをわたされることはない。隣のおじさんに目をやり、見よう見まねでアエーシをちぎり、フールをすくって口に運ぶ。

「美味《うま》いか?」そんな眼差《まなざ》しを向けるおじさんに「ラズィーズ」と伝えた。「ラズィーズ」は私が知る数少ないアラビア語のひとつで「美味《おい》しい」を意味する。予期せぬアラビア語での返答におじさんは驚き、矢継ぎ早にアラビア語で質問を浴びせてきたが、残念ながらアラビア語はさっぱり話せないのである。その後も目が合えばニコニコと微笑み合った。

現地の人が作ったものを、現地の人と肩を並べて食べれば、彼らの日常を垣間見ることができる。旅空の下に戻ってきたことを実感した。

午後にカフェで冷たいコーラを飲んだとき、この先の町に宿があるか聞くと、「宿はない」と返された。隣のモスクを指差して、「荷物はここに置いて、モスクで寝ればいいよ」と店主は言った。

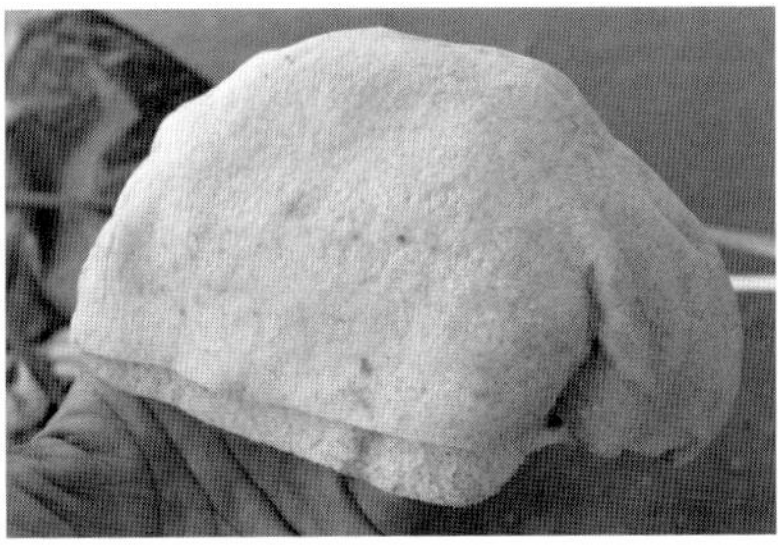

アエーシというエジプトでよく食べられている薄焼きパン。

言うまでもなく、モスクはイスラム教の礼拝堂だ。そんな神聖な場所で寝てもいいのだろうかと戸惑ってしまう。

そんな私のようすを見て、店主は「なにが問題なんだ」という表情を浮かべていた。足を止めるにはまだ早い時間だったので、その申し出は断ったが、さっそく救いの手が差し伸べられたことにホッとした。張り詰めていた心の繊細な部分がほぐれ、アフリカもなんとかなるんじゃないかと余裕をもつことができた。

エジプトを歩いていると、家や店の前に水が入った樽型のタンクが置かれていることがよくある。コーランには「巡礼者をもてなす心をもちなさい」と書かれているが、巡礼者のみならず、旅人に対するもてなしも厚いのだ。

冷水が入っていることもあり、炎天下を歩いている私にはとてもありがたい。ゴクゴクと冷水が喉を伝い落ちる瞬間は、まさに至福の時で、なにものにも代えられない。まるで波が引くかのように、熱を帯びていた体がスーッと冷えていくのを感じ、その直後、カラカラに渇き切った身体から滝のように汗が流れ始める。

歩行初日は、65キロ先のダマヌールまで行けるのではと思ったが、1年間のブランクはそんなに甘いものではなかった。日本で過ごした1年は車社会にどっぷりと浸かっていたため、錆《さび》ついた足は35キロを過ぎてから痛みを感じ始めた。次第に動きが悪くなり、足を止める回数が増えてきた。

テントを張れそうな場所を探し歩いていたら、消防署の前で「なにをやってるんだ？」と消防隊員の男が声をかけてきた。

「ここにテントを張らせてもらえませんか？」

そんな唐突なお願いに、男は隣の空地を指差して「ここでいいなら自由に張ればいいよ」と言ってくれた。警察署も併設しており、安全面は申し分ない。毎日無事に歩き終え、無事に朝を迎えること。当たり前のようだけど、唯一にして最大の課題だ。

アフリカ大陸の初日は40キロ進んだ。喜望峰までは少なくとも1万キロ以上はある。全行程の250分の1を終えたわけだが、気の遠くなるような道のりだ。

モスクでお世話になったのは2日目のことだった。日暮れ前に辿り着いた小さな村で、ムハンマドという男に声をかけられた。屋外に置かれたテーブルに招かれ、チャイをごちそうになった。チャイはアラブ圏で広く飲まれている紅茶で、社交の場に欠かせないものである。イスラム教で飲酒は禁じられているため、ビールではなくチャイを飲みながら談笑する人の姿を頻繁に見かける。

「どこまで歩くんだ？」

「とりあえずカイロを目指している」

「カイロまで300キロくらいだよ」

砂糖をたっぷり入れたチャイが、疲れた身体を癒すかのようにゆっくりと身体に浸透していく。1日の終わりを告げる涼しい風が私たちの間を吹き抜けた。

「近くに畑があるから、その横にテントを張ればいいよ」

ムハンマドが教えてくれた場所にテントを張り、そろそろ寝ようと思っていたときだった。馬に乗った男がやってきて「ここは俺の土地だから出ていけ」と言った。「明日出ていくから、今日はここで寝させてくれないか」と頼むが「ダメだ。出ていけ」の一点張りで、まったく話にならない。

しようがなくテントをかたづけ、ムハンマドのところに戻ると、彼は「どうした?」と怪訝《けげん》な表情を浮かべた。事情を説明すれば「じゃあ、モスクで寝ればいい」と隣にあるモスクへ案内された。

イスラム教徒は、1日5度の礼拝が義務づけられている。礼拝の時間になると、それを呼びかけるアザーンが耳をつんざくような大音量で拡声器から流れる。キリスト教の教会の鐘の役割を果たしているのだが、テープを再生しているものと思いきや、実は肉声であった。マイクを手にしたムハンマドは、アザーンを唱え始めた。

「アシュハド・アン・ラー・イラーハ・イッラッラー」

独特の節をつけたムハンマドのやわらかな声が小さな村に響きわたると、続々と村人たちがモスクへやってきた。十数人の男たちは一列に並び、コーランを詠唱し、身体を折り何度も額を地面につけて神に祈りを捧げた。彼らの神聖な祈りを前に横になるわけにはいかず、私はじっとそのようすを眺めた。

モスク内の空気は荘厳でピンと張り詰めている。重苦しさを感じる静寂に支配され、ゴクリと唾を飲み込む音でさえ、大きく響いた気がした。

私は、仏教徒だという強い自覚があるわけではないが、無意識のまま宗教的行為を行っていることがある。しかし、手を合わせて祈る習慣が日々の生活にないからか、宗教は漠然としたものでしかない。そのため、イスラム教徒の強い信仰心は胸に迫るものがあった。宗教を起因とする争いが勃発することもあるが、どんな宗教であっても、人が祈る姿はとても美しく平和な

モスクの横にあるカフェのムハンマド(左)。

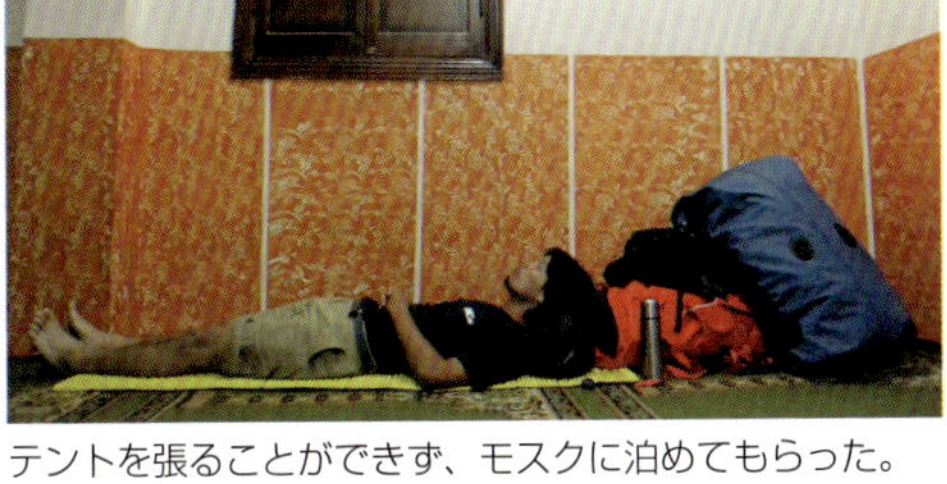

テントを張ることができず、モスクに泊めてもらった。

光景だ。

祈りを終えた彼らの表情は一様に穏やかで、慈愛に満ちていた。

「どこから来たんだ？」「そうかヤバーニー（日本人）か」「よく眠って疲れを癒しなさい」

モスクを去る際には、皆優しく微笑みながら、なにかしらの言葉をかけてくれた。「なにかあったらいつでもおいで」最後にムハンマドはそう言ってモスクを後にした。

ひとり残された小さなモスクは、まるで陽だまりの中にいるかのように温かな安らぎで満ちていた。ふわふわとした優しい空気に包まれた私は、沈み込むように眠りに落ちていった。

◎2◎首都カイロ

けたたましいクラクションが響き、歩道は行き交う大勢の人とモノで溢れていた。淀んだ大気の中を今にも弾《はじ》けんばかりの喧騒《けんそう》が立ち込め、熱気のような、漲《みなぎ》るエネルギーを肌で感じた。顔を上げれば近代的なタワーが空を貫き、横に目をやるとナイルの穏やかな川《かわ》面《も》が見える。

ナイル川近くの黒焦げになったビルは国民民主党本部で、数年前の反政府デモで焼き打ちを受けた。装甲車が道路を塞ぎ、鋭い目つきの兵士が治安の維持にあたっている。まるで戦時下のような風景だ。今なお残る政変の影響があちこちで見られ、ピリピリとした空気が張り詰めている。

タラアト・ハルブ通りとラムセス通りの間にある狭い路地に、目当ての雑居ビルがあった。この路地に「スークタウフィケーヤ」という名があることを知っ

首都カイロに到着。

たときは「なるほどな」と納得した。スークとはアラビア語で市場を意味するが、路上には八百屋や果物屋が密集し、朝から夜まで多くの人が行き交っている。

　カイロを訪れるのは10年ぶりだった。かつて数か月を過ごした宿がここにあり、入り口には当時と変わらずヘチマ屋のじいさんがすわっていた。闇両替の仲介という裏の顔をもつこの老人に、その日のレートを確認するのが私の日課だった。私のことなど覚えていないようだったが「アッサラーム・アライクム（こんにちは）」と挨拶をして奥へ進む。

　薄暗いビルの中はロの字型で、螺旋《らせん》状の階段が6階まで続き、中央部分は吹き抜けになっている。何十年分もの埃《ほこり》を屋根上に堆積させた年季の入ったエレベーターが階下にあるが、動く気配はまったくない。

　数軒の安宿が入居するこのビルの存在は、旅人のあいだではよく知られている。昔は１００円で泊まれたが、物価が上昇したようで最も安い宿は1泊４００円から。最上階の宿は6階にあり、外出するたびに長い階段を上り下りしなければならず、忘れ物でもしようものなら、それは悲劇としか言えない。エクササイズをするなら悪くはないが、私には敷居が高く、最下層にあるスルタンホテルを選んだ。ここには、アモーレ丸山さんが1部屋を間借りして暮らしている。

　かつてカイロには、サファリホテルという日本人が集う安宿があり、髪と髭を無造作に伸ばし、薄汚れたシャツを着た貧乏旅行者で溢れていた。彼らは昼間から麻雀《マージャン》に勤《いそ》しみ、ピラミッドの登頂計画を立て、それぞれの青春を謳歌していた。

　その中心にいたのが、旅人史に残るバックパッカー自治組織「サファリホテル生活向上委員会」を主宰していた丸山さんである。インターネットが今ほど普及していなかった当時、口コミで「サファリホテルの丸山」は世界中を旅するバックパッカーのあいだで広く知られていた。もともとは旅行者としてカイロを訪れた丸山さんだが、気がつけば10年以上もカイロで生活していた。

　長居していた旅行者が旅立つとき、丸山さんは背中に『誠』とあしらわれた新選組の羽織に身を包む。「こいつはいったい何者だ」という地元民の視線を集めながら、路上で万歳三唱の音頭をとり、日本国旗を振って見送る。今回も、アレクサンドリアの空港で日本国旗を持って出迎えてくれるなど、人情味溢れる人である。

スルタンホテルの丸山さんの部屋にエジプト産のステラビールを持ち込んで、政変時の話や近年頻発するテロ事件について、夜な夜な語り合った。

コーランに飲酒を禁じる記述があるため、飲酒を禁止するイスラムの国も多いが、エジプトは規制が緩く街で酒屋を見かけることもある。ビールを買えば、イスラム教徒への配慮として人目につかないよう黒い袋に入れてわたされる。宿で共用のグラスにビールを注いで飲んでいたら「そんなものをグラスに入れないでくれ」と掃除のおばさんに怒られた。旅行者が多い宿だが、飲酒が御法度のイスラム圏では、こういうところにも気を遣わねばならないらしい。

ある日、私の歓迎も兼ねてエジプト人が集まるバーへ案内してもらった。もちろん合法で、なんら問題はないのだが、バーであることを示す煌《きら》びやかなネオンも看板もなく、闇酒場のようにひっそりとした佇《たたず》まいだ。肩を寄せ合いながら、こっそりとビールを飲むエジプト人はどこか憐《あわ》れで、人目を忍んで酒を飲むのはちょっとした罪悪感にさいなまれるものだと思った。

呑兵衛《のんべえ》に信仰もへったくれもないし、むしろここにいる連中はイスラムの教えに背いているのだが、江戸時代に弾圧を恐れながら、密かに信仰を続けた隠れキリシタンの姿と重なった。

「年配の人はイスラムの教えを忠実に守る人格者が多いが、最近は若者の失業率が高くなっていることもあって、アホな連中が絡んでくるかもしれないけど、大丈夫だった？」と丸山さん。

スルタンホテルの入り口に、
10年前と同じようにすわっている
ヘチマ屋のじいさん。

カイロまでの道中を振り返れば、老夫婦が乗った車のフロントガラスが突如粉々に砕けて全壊したり、三輪タクシーに乗った少年がけんかを売るかのようにわざと急接近したりしてきたくらいで、たいしたことはなかった。

　父親が同乗していたとはいえ、10歳くらいの子どもが車を運転しているのを見たときは閉口したが……。一日の大半を路上で過ごす私にとって最も怖いのが車なのだ。大志を抱いてアフリカへ来たというのに、10歳児に轢《ひ》かれて夢が潰《つい》えるなんて絶対に嫌である。もしそうなれば、成仏できずに地縛霊《じばくれい》としてアフリカに居すわり続けるに違いない。

　エジプトの情報収集と南下の準備をしながら、カイロで1週間を過ごすことにした。

「ヘイ、ヤバーニー」「ラクダに乗らないか?」「土産物はどうだい?」次から次へと現れるエジプト人をかわしながら辿り着いた広大な砂漠には、3つのピラミッドが佇んでいた。ピラミッドと聞いて、多くの人が思い浮かべる定番の風景ではないだろうか。

ギザの三大ピラミッドまで歩いてきた。

日本国旗（日の丸）を持つのはアモーレ丸山さん。

　その反対側、ピラミッドから少し離れたところは、実は砂漠ではなくて家々が密集し、ここで暮らす人たちの日常がある。細い路地で遊ぶ子どもたち、洗濯物が干された住宅地の背後にピラミッドが堂々とそびえる様は、映画のセットみたいだ。生活感溢れる場所から4500年前に作られた世界的遺跡を眺める光景は、非現実感があっておもしろい。

　カイロでは、なにをしたというわけでもない。イスラム地区などをあてもなく散歩したが、考古学博物館でツタンカーメンの黄金マスクを見ることもせず、ギザのピラミッドまでリヤカーを引いて歩いてみたが、外から眺めただけだ。

エジプトに入国して間もないが、これからさらに南下していくには1か月では到底足りないのでビザを延長し、黄熱病の予防接種を受けることにした。これから訪れる国々は黄熱病感染の可能性があり、入国時に予防接種証明書の提示を求められることもあるらしい。

アフリカは感染症のリスクが高いだけあって、その玄関口のエジプトでは安く予防接種を打つことができるのだ。

ちなみに前回、4年8か月の地球一周の旅では無保険だったが、さすがに今回は海外旅行保険に加入している。いくら計画性が乏しい私であっても、アフリカで無保険はまずいと考えたのだ。だが、やはり計画性が乏しいので、予防接種の類はまったく受けていなかったのだが……。

カイロのコンチネンタルホテルの中に、その診療所はあった。ホテル内の診療所だなんて高そうなイメージしかないし、コンチネンタルホテルという名前からして格式高そうである。果たして私のような小汚い旅行者が足を踏み入れてもよい場所なのか、不安を覚えつつ、紙切れにメモした住所を頼りにホテルを探す。

英語とアラビア語で「コンチネンタル」と書かれた建物が目の前に現れたとき、思わず唾を飲み込んだ。「中に入っても大丈夫ですか？」と誰かに確認しないといけないないと思った。貧乏旅行者を拒む雰囲気を醸《かも》し出しているわけでも、侵入を拒む屈強な警備員がいるわけでもない。ホテルは遥《はる》か昔につぶれたようで、廃墟となっていた。廃墟マニアが嬉々《きき》としそうな寂れた佇まいだ。

ほんとうにこんなところに診療所があるのか……。薄暗い廃墟の中へ恐る恐る足を踏み入れた。歩を進めるたびに埃が舞い、聞こえるのは「コツコツ」と無人のフロアに響く靴音だけだ。

奥まで進んだ先に怪しげな診療所があった。ブラックジャックのような闇医者がいそうな雰囲気である。中に入ると、でっぷりとした男が椅子に腰かけているが、彼が医者なのだろうか。白衣は着ていない。格子柄のシャツにジーンズというラフな服装だ。ブラックジャックとは似ても似つかない風貌《ふうぼう》の男である。彼に任せて大丈夫なのだろうかと思ったが、心配ご無用。私の目的は外科手術ではなく、ただの予防接種なのである。

「黄熱病の予防接種を受けたいんですけど」と口にすると「黄熱病150ポンド、髄膜炎75ポンドで225ポンド（3750円）だ」とブラックジャックは言った。

「いえ、黄熱病だけでけっこうです」

「ダメだ。髄膜炎を打たないなら、黄熱病を打つことはできない」

そんな話は聞いたことがない。髄膜炎のワクチンを誤発注して大量に在庫があるのだろうか。まるで抱き合わせ販売のように髄膜炎の予防接種を勧めてきた。というより髄膜炎を打たなきゃ黄熱病も打たないのだから、半ば強制である。日本なら1万円かかる黄熱病予防接種が髄膜炎もセットで4000円弱なのでお得とも思えるが、売れ残ったものを詰め込んだ福袋のようであり、要らないものを押しつけられた気分だ。

不承不承、髄膜炎の予防接種を受けることを伝えると、ブラックジャックはヒジャーブで頭を覆った女性看護師に指示した。慣れた手つきで血管を見つけ、アルコール綿でゴシゴシと消毒した看護師は、躊躇《ちゅうちょ》なく「ブスッ」と注射針を腕に打ち込んだ。さらにもう1本「ブスッ」。

「フィニッシュ」とブラックジャックは言い、アフリカ大陸を南下する準備は整った。

黄熱病の注射を打った証明書（イエローカード）。

◎3◎ 東方砂漠

砂漠の中に突如料金所が現れた。ここから先は制限速度120キロの高速道路らしい。

　日本で暮らしている限り、「高速道路を歩いてはいけない」というのは一般常識だが、意外にも世界には問題なく歩ける国が多い。しかしその一方、当たり前というかなんというか、フランスで堂々と歩いたときは、警察がやってきて追い出された。

　スペインに至っては、主要な都市間を結ぶ道が歩行禁止の高速道路しかなかった。地図を開いても迂回路《うかいろ》はなく、「ふざけるな。どうやって行けばいいんだ」と開いた口が塞がらなかった。目指す街まで歩いて辿り着けない事態に陥り、ルート変更を余儀なくされた。

　そういうこともあって、高速道路の料金所を通過するときは、止められやしないかといつもドキドキする。目立たないように、こっそり足早に通過するが、冷静に考えれば、忍び足で進んだところで、荷物満載のリヤカーを引いた怪しげな東洋人が目立たないはずはなく、間抜けな話なのだが……。

　しかし料金所の職員は、「お前なんか知らん」とこちらを見向きもせず、難なく突破に成功した。ホッと胸をなで下ろした直後、警察車両が停車し、警官がこ

夜明け前、アモーレ丸山さんに見送られてカイロを出発する。

ちらへやってきた。彼らの表情に笑顔はなく「料金所の目はごまかせても俺たちには通用しないぜ」とでも言いたげだ。

「あぁ、やはり高速道路は歩行禁止なんだろうか……」

追い出されやしないかと、緊張で冷汗が滲み始める。警官は歩行を停止するように手で合図し、無表情のまま「パスポート」とひと言呟《つぶや》いた。パスポートを子細に確認する警官に、アレクサンドリアから歩いていることを説明すれば、荷物のチェックも高速道路の歩行を禁止されることもなかった。ただの職務質問のようである。

念のため、このあたりの治安について尋ねると、「うーむ」と

カイロ郊外を歩いていると、
いきなり高速道路の入り口が現れた。

考える素振りを見せた後、「夜は気をつけろ」と言った。この砂漠地帯がなぜ、どのように危ないのかよくわからないが、警察にそんなことを言われると、さすがに不安を覚える。

殺風景な砂漠が延々と続き、安全にテントを張れそうな場所はなかなか現れない。太陽が少しずつ西へと傾いていき、アスファルトに投影された影は次第に長く伸びていく。警察に言われた「危険な夜」が近づくにつれ、不安も大きくなっていった。

なんとか死角になりそうな場所を見つけ、テントを設営したが、夜になると風に煽《あお》られたテントが何度か揺れた。そのたびに浅い眠りから目覚め、「ドキッ」と心臓が止まるかのような心地になった。恐る恐る顔を外に出して周囲のようすを窺《うかが》うが、月明かりに照らされた砂漠は、凪《な》いだ海のように静かで穏やかだった。

まだ旅は始まったばかりだというのに、心細さで胸が押しつぶされそうになり、なかなか寝つくことができなかった。これから先も、アフリカでは不安な夜をいくつも過ごすのだろうか。私はそれに耐えられるの

だろうか……。

高速道路を歩き抜いた先には、スエズ運河で有名なスエズと紅海のリゾート地ハルガダとの分岐があり、南のハルガダ方面へ向かう。茶色く乾いた砂漠の先にコバルトブルーの海が見えたとき「うわっ、海じゃないかっ！」と声を上げてしまった。青色は鎮静作用が高く気持ちを穏やかにしてくれるというが、荒涼とした砂漠から来れば、なおさら心が安らいだ。

海を見てはしゃぐ女子のように波打ち際に駆け寄り、足を海に浸せばひんやりと気持ちよかった。私はたまらず「うおっ、冷たいっ！」と可愛い（？）声を漏らしてしまった。

スエズ湾に面した東方砂漠では、軍の検問所や駐屯地がたびたび現れた。テロが頻発するシナイ半島からテロリストがやってくることに備えているのか、あるいは重要拠点スエズ運河が近いからか定かではないが、ここがテロと背中合わせの国であることを再認識させられる。

ゆっくりと駐屯地に近づき、ペットボトルを大きく振って水がほしいことを伝える。すると、銃を手にした若い兵士がやってきて、水を分けてくれた。「シュクラン（ありがとう）」笑顔でお礼を言えば、厳しい表情を緩めてニコリと笑みを浮かべた。一瞬ではあるが、彼本来の青年らしさを見せてくれた気がする。

エジプトには徴兵制度があるため、多くの若い兵士を目にした。この国で軍を狙ったテロ事件が発生しても、日本では新聞の国際面に数行の小さな記事が掲載されるだけだ。報道によって得られる情報は犠牲者数と事件の概要くらいで、犠牲者の素顔やどんな人生を歩んでいたかなど知る由もなく、遠い国のできごとでしかない。

数日後、シナイ半島で発生したテロ事件の記事を読んだとき、水をくれた青年兵士の顔が頭に浮かんだ。犠牲になった兵士は彼のように若く、帰りを待つ両親がいたのかもしれない。そんなことを思うと、胸がつまってしまう。

東方砂漠を南下するにつれ、日差しは鋭さを増し、灼熱《しゃくねつ》地獄の様相を呈していた。1滴の水すら空気中には存在しないのではないか、と思うくらいに乾いている。ガイドブックを見ると、紅海沿岸部の9月の最高気温は平均38℃とあり、予想外の暑さに絶句した。

「なんでこんな時期に来たんだ。11月になれば暑さは落ち着くのに……」地元民のおじさんの言葉通り、来るべき時期を間違えているのは明らかだった。

　私の出身地である鳥取から、多くの人が想像するのは鳥取砂丘である。砂丘から砂漠、そして猛暑と連想するかもしれないが、鳥取砂丘は砂の丘であり、砂漠ではない。たしかに夏はそこそこ暑いが、鳥取で厳しいのは、むしろ冬の降雪量なのである。

　そういうわけで、鳥取砂丘まで車で15分、鳥取市内の学校に通った小中学校時代の9年間、春の遠足は鳥取砂丘という環境で生きてきた私にも、この暑さは非常にこたえるのだ。

　シュワシュワッと弾ける炭酸飲料が恋しくて、頭の中に何度もコーラが現れた。しかし、無人の砂漠がひたすら続き、商店が現れる気配はまったくない。

「次の商店まであと何キロですか?」車を止めて声をかけてきた眼鏡の男性に尋ねると「20キロ先に商店がある」と返ってきた。

　歩き慣れていない人の距離感覚は、私のそれと大きく異なる。こんな砂漠地帯であれば、なおさらメチャクチャだ。多めに見積もって30キロと考えておこう。しかし、商店に辿り着くことだけをモチベーションにして歩いているというのに、30キロを過ぎてもなにも現れないのは精神的拷問としかいえない。

　遠くに建物の影が見えたときは祈るような気分になるが、現れたのは商店ではなく、軍の施設や救急車の待機基地で、期待は裏切られ続けた。

「水をください」と駆け込み、差し出された水で喉を潤した後、チャイを淹《い》れてくれて歓待を受けることもある。まさに砂漠のオアシスだ。

「次の商店はここからどれくらい離れていますか?」

「１００キロ先だよ」

「えええっ!　遠すぎる……」

　ショックのあまり、膝から崩れ落ちそうになった。私は眼鏡男の顔を思い浮かべてぼやいた。

「これのどこが20キロ先なのだ……」

見わたす限り褐色の砂漠が広がり、その中を1本の道が伸びている。そんな荒漠たる大地を歩けば、物語の主人公になったような錯覚に陥って「大冒険をしている」と気持ちが昂ることもあるが、そんな高揚感に浸るのも、ほんの一瞬のことだ。

たしかに圧巻の景色ではあるが、建物や木はどこにも見えず、灼熱の太陽から逃れられる場所はない。唯一存在する避難場所は道路標識がつくる小さな影だけで、そこに逃げ込んで休憩をとる。

アスファルトに卵を割り落とせば、あっという間に目玉焼きができてしまうだろう。揺らめく陽炎《かげろう》をぼんやりと眺めながらそんなことを思う。

熱風が砂を運んでくる。風に乗って煙のように空を舞い、風紋を描く砂粒を見て、砂漠では風が見えることを知った。砂のせいでカメラがダメージを受け、ファスナーつきプラスチック・バッグで二重に保護しているパソコンですらザラザラだ。耳をほじれば砂が出てくるし、頭をボリボリ掻《か》けば爪の中に砂が入っている。つま先から頭に至るまで全身砂にまみれている。

汗と砂塵《さじん》が混じったシャツは塩が白く浮かび上がり、糊《のり》づけされたかのようにパリパリだ。日焼けで腕の皮がボロボロになり、さらに垢《あか》も混じっている。そんな腕をこすると、消しゴムのカスのように垢がボロボロと落ちてきた。我ながらひどい姿だと思わず笑ってしまう。

長い1日の歩行を終え、汗にまみれた身体のままテ

スエズとの分岐からしばらく行くと、スエズ湾沿いにリゾート地が現れた。ヤシの葉で編んだパラソルの日陰を拝借して休憩をとった。

ントの中で倒れるように横になった。食欲はないのでほとんどなにも口にせず、日記を書いたらやることがなくなって、目を閉じる。しかし火照《ほて》った体が冷めることはなく、太陽光を吸収し続けた大地は夜になっても熱がこもったままだ。フライパンの上で、じわじわと焼かれているかのようで、なかなか寝つけない。

睡眠不足のまま朝を迎え、酷暑の中を歩く毎日を繰り返せば、次第に心身は衰弱していった。この朝、私は、スエズ湾に面した町ラス・ガリブまで40キロの地点にいた。暑い時間帯の歩行を避けるため明け方より歩き始めたが、足どりが重く「もうだめだ」と、わずか1時間歩いたところで足を止めた。

たまらず砂漠の上に倒れ込み、大の字になって空を見上げた。東の空は白み始め、青白い砂漠が新たな色に塗り替えられようとしていた。

ここにいるのは間違いなく自分の意思だ。それなのに、なんでこんなに苦しいんだろう。なぜ俺はこんな道を歩き続けるんだ。もっと楽な道だってあるじゃないか……。

刻々と変化していく砂漠をじっと眺めながら、東方砂漠を歩くのはもう無理なんじゃないかと思った。一度カイロへ戻り、ナイル川沿いのルートを歩くべきではないか。しかし、そのルートは行動が制限され、車での移動を強いられてしまう。自分の足で歩き抜くことにこだわるなら、この東方砂漠以外に選択肢はない。何度も葛藤を繰り返しているが、未だに答えは見つか

東方砂漠は灼熱地獄だった。日を遮るものは道路標識しかない。空気中には水分をまったく感じられない。

らないままだ。

柔らかな砂の上に1時間横たわった後、再び歩き始めたが、すぐに足を止めた。胃の奥底から不快なものがこみ上げてきた。血の気が引くかのような心地を覚えながら酸味のある液体を吐き出したが、固形物はまったく出てこない。ここ数日の食事を振り返れば、トマトにリンゴ、ポテトチップスとパイナップルの缶詰だけだ。まともな食事をとっていないので吐き出すものはろくになく、固形物が出てこないのも当然だった。

なんとか重い腰を上げるが、生温かい水を飲んだ直後、道の脇にしゃがみ込み、再び嘔吐《おうと》した。口から長い糸を引き、吐瀉物《としゃ》が風に乗っていく。涙が滲んだ目でそのようすを眺めながら、もう歩くべきではないなと思った。

ヒッチハイクを試みるが、ただでさえ交通量が少ない砂漠地帯である。ナイスバディな美女であれば引く手数多《あまた》だろうが、残念ながら道路に立っているのは汗と砂にまみれたむさくるしい男だ。そんな私と大量の荷物を見て、停車してくれる車は1台もなかった。

ヒッチハイクをあきらめ、歩くべきか否か激しく悩みながら足を動かし続けたが、歩けど歩けど町は見えない。太陽はどんどんと高い位置に昇っていく。アスファルトは太陽光を吸収し、逃げ場のない熱気がこもっている。依然、吐き気を感じていた。大量の発汗と塩分不足で脱水症状に陥り、足どりもふらふらとおぼつかない。熱中症に罹《かか》ったのだろうか。ついには意識が朦朧《もうろう》とし始めた。

「死」という最悪な展開が頭をよぎり始めたときだった。後部に大きな荷台があるピックアップトラックが停車し、青い作業服を着た運転手が、「大丈夫か？」と声をかけてきた。

喉がカラカラに渇き、声帯がやられたらしい。意思に反して言葉を発せられないのには自分でも驚いた。なんとか振り絞った声はかすれていたが、身振り手振りを交え「ラス・ガリブまで乗せてほしい」と伝えると、「乗れ」と男は合図した。

町までは思っていた以上に距離があり、その間に建物はひとつもなかった。車は猛スピードで走っていくが、窓から見える景色に変化はなく、ひたすら茶色い砂漠だけが流れていく。あのまま歩き続けていたら

「死」という結末が待ち受けていたかもしれなかった。

　最初に現れた建物はガソリンスタンドだった。目を血走らせて駆け足で向かった冷蔵庫には、たくさんの飲料がズラリと並び、「うおおおっっ」と歓喜の雄《お》叫《たけ》びを上げた。

　干涸《ひから》びた細胞は限界寸前で、今にも暴動が起ころうかという状態だ。「早く飲ませろ！」と体内で暴れている。「慌てるでない」とひと声かけ、キンキンに冷えた炭酸入りのレモネードを飲む。味わうのではなく、枯渇した体内に流し込んだ。喉で炭酸が弾けた後、ピリピリとした爽快な痛みが走った。やや刺激が強かったが、身体の隅々まで潤いがいきわたり、細胞が息を吹き返した直後、額や腕、体中のあらゆる汗腺が開き、大粒の汗が噴き出した。

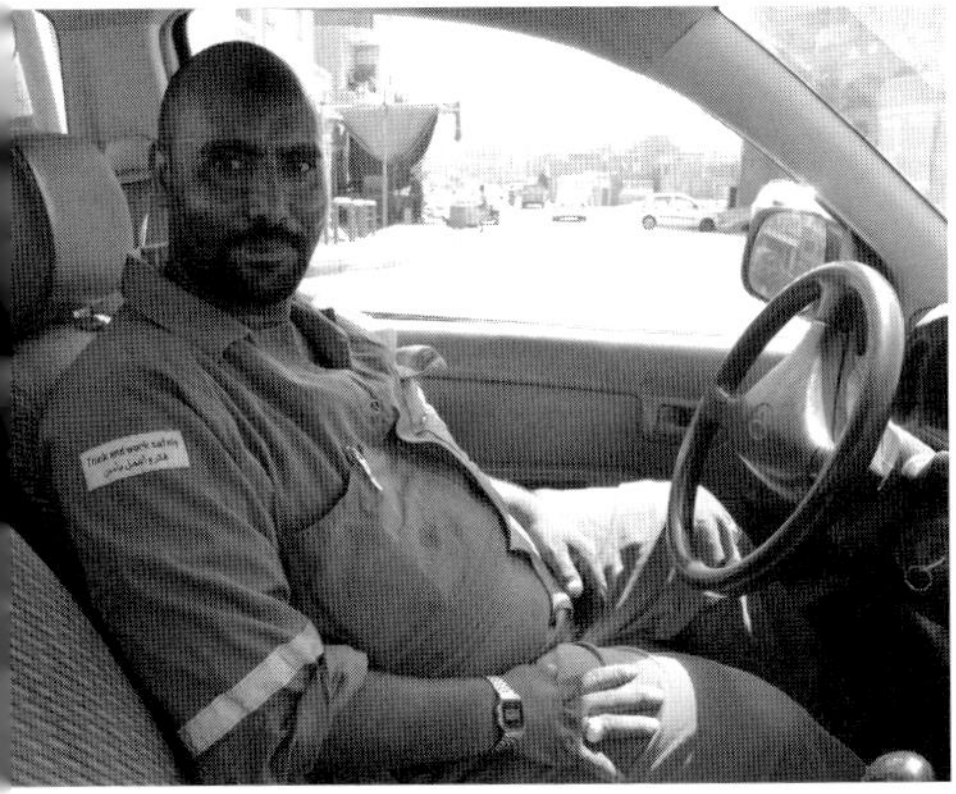
ラス・ガリブまで彼の車に乗せてもらった。

　町の中心まで送ってもらった後、いくらかのお金をわたそうとしたが「当たり前のことをしただけだよ」と男は毅然《きぜん》とした態度で受け取りを拒んだ。そんな命の恩人に対し「シュクラン」と心をこめて感謝の気持ちを伝える。

　カイロには、いかにして旅行者から金をふんだくろうかと考えている輩《やから》も多い。けれども、旅行者がめったに訪れない場所を歩けば、彼のような優しさを与えてくれる人も少なくない。見返りを期待しない優しさであればあるほど、私の胸に深く刻まれる。

　なんとか町に辿り着いたものの、熱中症の体はぐったりと重く、一刻も早く横になりたかった。宿を探し歩いていると、最悪のタイミングで下校途中の小学生と遭遇してしまった。なにが最悪って「ハロー・マイ・フレンド、ワッツ・ユア・ネーム」と知っている英語を使いたいだけの子どもなのだ。だいたい、お前らが俺の名前を知ってどうするというのだ。

　もしかしたら、日本人を見るのは初めてなのかもしれない。また、荷物満載の得体の知れないリヤカーが彼らの興味の対象になるのは当然であった。

「ハロー」「チャイナ」「ジャッキー・チェン」

十数人の子どもたちが私の周りを取り囲み、マシンガンを連射するかのように口撃をしかける。好奇心に満ちたギラギラとした目、甲高い声に圧倒され、疲弊した身体にはとてもキツい。子どもたちの相手をするだけの余裕も気力も持ち合わせていなかった。

そんな私の体調を察してくれたのか、通りがかりのおじさんが一喝すると、子どもたちは「わっ」と一斉に走り出した。

その後も第2群、第3群と子どもたちが現れ、周りを囲まれたが、「この人の邪魔をしてはダメだ、早く家に帰りなさい」と、その都度、誰かしら子どもたちに注意をし、時には怒鳴り声が響いた。

その一方で大人たちは、穏やかな眼差しで子どもたちを見守っている。エジプト人の美徳を垣間見た気がして、淡い感動を覚えた。悪いことをすれば叱るのは当たり前だが、それがよその子どもであれば決して、簡単なことではない。

「うちの子になんてことを！」と、モンスターペアレ

ただ一面に砂の海が広がる東方砂漠。

ンツが怒鳴り込んでくるのが、今の日本だろう。触らぬ神に祟《たた》りなし。後々面倒なことが起こりそうだし、かかわらないという選択をする大人のほうが多いのではないか。

私が幼い頃の日本には、口うるさい大人がどこにでもいたものだけど、遠い昔のように思え、砂漠に囲まれた小さな町で深い郷愁に駆られたのである。

◎4◎ 葛藤

目を覚ますと見慣れない壁があった。窓から差し込む光はカーテンに遮られ、部屋は薄暗い。最低温度に設定されたエアコンにより室内はキンキンに冷え、パンツ1枚の私はブルブルと体を震わせた。

「ここはどこなのだろう……」寝起きの頭ははたらきが鈍く、現在置かれている状況を理解するまでにわずかな時間を要した。

「ああそうだ」私は今、ラス・ガリブの高級ホテルにいるのだ。高級と言うには大袈裟で見栄っ張りなのだが、この町で最も高いホテルである。ヒッチハイクをして、命からがら砂漠から逃げてきた後、フラフラとした足どりで辿り着いたのがこのホテルだった。

エアコンにシャワー、トイレが部屋についてはいるが、1泊150ポンド（2500円）もする。6ベッドの相部屋ではあったが、カイロで滞在していた宿が1泊25ポンドだったことを考えると、私の旅のスタイル、そして懐事情に不釣り合いなのは明らかだった。しかし、今の体調を考えればエアコンは不可欠であり、なによりここに辿り着いたとき、ほかの宿を探す気力は残っていなかった。

身体は依然として鉛のように重く、ぐったりとしていたが、エアコンから送られる冷気のおかげで、心なしか熱を帯びていた身体が冷めている気がした。

夕方、体調が上向いた気がしたので、町を歩いてみることにした。晩秋のように肌寒い部屋から外へ一歩踏み出した瞬間、もわっとした不快な熱気が身体を包んだ。ドライヤーの熱が大気中にこもっているかのよ

ラス・ガリブの町では、
夕方だというのに
気温が45℃もあった。

うな、真夏の炎天下に数時間停車した車に入ったときの熱気をさらにキツくした感じだ。温度計を見ると45℃を指している。

「あ、あほか。こんな暑さの中、歩けるわけないだろ……」

これまで、東方砂漠を歩きながら幾度となく葛藤を繰り返してきたが、葛藤の余地すら与えない強烈なストレートが叩《たた》き込まれた。その瞬間「ポキッ」と大きな音を立てて心が折れるのを感じた。

翌朝、カイロ行きのバスに乗るためバスターミナルへ向かった。敗北というのは気分のよいものではない。苦渋の決断だったが、私はカイロへ戻ることを決意した。

前日にバスの時間を尋ねたとき「8時に来い」と言われていたが、待てども待てどもバスは現れない。それもそのはずで、この日サマータイムが終了し、時計の針が1時間戻っていたのである。それに気づかなかった私は、7時前に来ていたことになる。

歩き旅を始めて失ったものがあるとすれば、それは時間に対する感覚かもしれない。仕事や学校もなければ、見たいテレビ番組があるわけでもない。明るくなったら歩き始め、空腹を感じたら食事をとり、暗くなる前に歩行を終えて眠る日々を過ごせば、時間などまったく重要なものではないのである。

しかし、8時になってもバスがやってくることはなかった。ラス・ガリブを始発とするバスはなく、ハルガダからのバスがここを経由する形なので席に空きがなかったのかもしれない。同じようにバスを待っていた家族もどこかへ消え、「明日もう一度来い」と言われた。

東方砂漠縦断をあきらめてカイロへ戻る気満々だったが、今後について改めて考えるよい機会になった。

喉の渇きに苦しみ、嘔吐し、容赦なく照りつける日差しの恐怖を忘れられないが、あきらめの悪い私はどうしてもこの足でアフリカの大地を歩き抜きたかった。無理すれば行けるかもしれないが、ほんとうに無理をすれば死んでしまう。猛暑の東方砂漠はまさにそんな場所だ。

猛暑と極寒。歩くうえで難易度が高いのは間違いなく猛暑である。北極圏の氷点下40℃という環境下でも、装備さえしっかりしたものを身につけていれば歩き続けることができるし、氷を溶かすことで水を得られる。しかし、気温40℃の砂漠を歩き続けるのは自殺行為であり、熱中症になって死を意識することになるはずだ。携帯する水はすべて熱湯と化し、楽しいことなどなにひとつなく、ひたすら苦行が続く。

ならばなぜ、そんなところにいるのだと思われるかもしれないが、私だってこんなところにいたくないし、もっと楽に歩きたいに決まっている。狂気じみているが、この道を歩かなければほかに道がない。それだけの理由だ。

行くか退《しりぞ》くか、なかなか踏ん切りがつかないが、けじめとしてヒッチハイクした場所から町への空白区間を歩くことにした。歩行中断地点へはヒッチハイクで戻ったが、快く車に乗せてくれた男は、「なぜこんなところで降りるんだ」と不思議そうな表情を浮かべていた。少し歩いただけで口内は潤いを失った。唾液が粘《ねば》つき、灼熱地獄の恐怖が蘇ってくる。2時間歩き、褐色の砂漠の先に町の影がうっすらと浮かび上がったときは、救われた気分になった。

ほんとうは前夜のうちに結論を出しておくべきだったが、面倒な悩みは先送りしたくなるものである。カイロへ戻るべきか否か、朝になっても決断することができず、延泊することに決めた。

この小さな町で過ごすのも4日目である。長い旅のことを考えると、さすがに1泊150ポンドの宿に泊まり続けるだけの余裕はなく、50ポンドの安宿へ移っていた。

砂漠ルートを歩きたい。しかし酷暑の中を歩くのはリスクが高い。でも、あきらめられない……。以下延々と思考はループし、葛藤を繰り返し続けた。

「いつまでグチグチ考えてるんだ！　さっさと決めろや！」

優柔不断な自分に苛立《いらだ》ちながら、日差しの強さを確認するため外へ出てみれば、「あれっ⁈」と驚きの声が漏れた。思ったほどの暑さではない。それが今日だけのことなのか、あるいは秋が深まり気候が落ち着いてきたのかはわからないが、これくらいの暑さなら歩けるという自信が芽生え始めた。

「よっしゃ。行ってやろう」

歩行を再開するという決意が固まれば、あとは食料を準備するだけだ。猛暑下では食欲が失せることを考え、リンゴにマンゴー、ブドウ、トマトなど水分が多く、身体に優しそうなものを買っておく。アップルジュースも8リットル用意した。炎天下で飲む炭酸飲料は口の中がベタついて不快だし、水だとなんだか物足りない。こういうときに最も欲するのは、喉越しがさわやかなフルーツジュースなのである。

たまたま目に入った小さな理髪店に入ったのは、決意とか覚悟とか、そんな大袈裟なものではない。歩行中はシャワーを浴びることができないので、長い髪がとても不快だったのだ。

突如現れた日本人の珍客が、「頭を丸めてくれ」と言うものだから、理髪店の主人は目をキョトンとさせて、一瞬戸惑いを見せたものの、すぐにバリカンを手に取り、豪快に刈り上げていった。

長い髪がどんどんと床に落ちていくのと同じように、いろいろな悩みや憑《つ》き物がとれ、清々《すがすが》しい気分になっていく。目の前の鏡には、まるで別人のような坊主頭の自分が映し出されていた。もう迷いはなかった。

5 東方砂漠を越えて

青白い夜空が白み始め、新たな一日が始まろうとしていた。海の向こうの空は刻々と色を変えていき、淡いピンク色から少しずつグラデーションが濃くなっていく。それが最高潮に達したとき、水平線の先から太陽が顔を出した。やがて太陽は褐色の砂漠を黄金色に染めた。

水平線や地平線から昇り、沈んでいく太陽を見るのが好きだ。そういう場所は、たいてい周囲になにもない砂漠や無人地帯で、決して楽な環境ではないのだが、ほんの一瞬でもその景色を独占する時間は、この地に立つ者の特権のように思える。

ラス・ガリブを出てからは、日の出前の暗い時間から歩き始めている。強烈な直射日光を全身に受ける日中はどれだけ歩けるかわからないので、穏やかな気温のあいだに少しでも距離を稼いでおこうという算段だ。

起床後は、テントから顔を出して空を見上げることが日課となった。星空にうっとりとし、溜息を漏らすロマンチストでは決してないし、月に向かってなにか語りかけるキザな男であるはずもない。

　むしろ満天の星空が見えれば、「ふざけんじゃないよ」と舌打ちし、大きな溜息を吐く。逆に月や星が見えなければ、雲が空を覆っているわけで、絶好の歩行日和になりそうで気分がよく「よっしゃ」と拳を握りしめる。

　ラス・ガリブから3日後、ハルガダに辿り着いた。リゾート地だけあって欧米人の姿をよく目にする。まだ油断はできないが、暑さのピークは過ぎ去った気がする。宿の主人は「もうすぐよい気候になるよ」と言った。

　ハルガダを発った日も夜明け前から歩き始めた。宿の前では、まだ4時にもなっていないのに、自転車に乗って遊んでいる子どもがいて驚いた。小学生くらいの子で、私と目が合えば白い歯を見せて笑った。少なくとも夜の街を徘徊《はいかい》したり、爆音を響かせてバイクを乗り回したりする不良少年の類ではなさそうだ。

　子どもだけでなく、こんな時間から歩いている大人もいれば、理髪店はすでに営業を開始していた。一体

ラス・ガリブを出てハルガダまで約100キロの地点。

なにが起こったのだろうと思っていたら、どうやら明日から犠牲祭が始まるらしい。

イスラム圏にはふたつのイード（大祭）があり、ひとつは断食明けのお祭り、もうひとつが犠牲祭である。メッカ巡礼の最終日と重なり、巡礼に参加していないイスラム教徒も動物を生贄《いけにえ》にしてこの日を祝う。犠牲祭の前日は身体を清めるという意味で、日の出から日の入りまで断食をする。日の出前に食事をとるため、人々の一日はすでに始まっているのだ。

断食は旅行者にも影響を及ぼす。たくさんのエネルギーを必要とする人力旅であればなおさらだ。一日中歩き続け、太陽が西へ傾き始めた頃、空腹が絶頂になったタイミングでサファーガという町に到着した。しかし、断食の影響で食堂は軒並みシャッターが閉ざされているではないか。

「そんなバカな……」猛暑の砂漠を頑張って歩き続けてきたというのに、ひどい仕打ちである。

日没後、ようやく営業を始めたサンドイッチ屋に駆け込んだ。羊肉とタマネギを煮込み、アエーシにはさんだサンドイッチに無我夢中でかぶりつく。肉汁とタマネギの甘味が口の中で溢れ、断食を終えたイスラム教徒とともに幸せを噛《か》みしめた。

マルサ・アラムで3日間の休養をとった後は、ナイル川西岸の町エドフを目指す。およそ600キロ、紅海沿いを南下してきたが、ここからは内陸へと西進する。次に目にする海は南アフリカ・喜望峰での大西洋になるはずだ。

内陸に入れば、道の両側には山肌を剥き出しにした茶色い山が連なっていた。日本人女性と結婚したエジプト人が初めて日本を訪れたとき、彼が最も感動した

犠牲際前日の夕方、やっと営業を始めたサンドイッチ屋に駆け込んだ。

のは東京のビル群でも最先端のテクノロジーでもなく、緑滴る山々だったと聞いたことがある。その話を聞いたときは今ひとつ理解できなかったが、不毛の砂漠地帯に身を置いた今は心底納得してしまう。

国土の大部分が砂漠のエジプトでは、ナイル川沿いを除けばほとんど緑は見られないし、鬱蒼《うっそう》とした濃緑の山など存在しない。そんな乾燥した土地だからこそ、緑のもつ瑞々しさや、漲る生命の力を強く感じるのだ。

褐色の大地の中にふたつの影が見えた。背中に山のようなコブをもつヒトコブラクダである。近づこうとしたら、ラクダは立ち上がって逃げ始めた。カメラの望遠レンズでラクダを見ると、2頭とも骨が浮き上がるくらいに痩《や》せ細り、1頭は足を引きずっていた。死期が近いようにも思えたが、砂漠で息絶えたとしても、それは自然の摂理に違いない。しかし、ピッタリと寄り添うこの2頭はどういう関係なのだろう。ともに生きようとする姿に胸を打たれる。

ここでも私は3時頃から歩き始めていた。深い闇に一面塗りつぶされた砂漠は、不気味なほど静まり返っていたが、こんな時間であっても数台の車が通過した。

雨がまったく降っていないため、大地はひび割れていた。

運転手からしてみれば夜の砂漠を歩く私のことを不気味に思うはずだが、私もこのような状況下で話しかけられたくはない。

「なにか問題はないか？」

彼らは不気味な私を恐れるどころか、気遣って声をかけてくれる。しかし、見わたす限りなにもない無人の砂漠地帯である。身ぐるみ剥がされてもおかしくない状況なので、車が止まりUターンしてこちらへ来るたびに苛立ち「来るんじゃないよ」と舌打ちした。

ある朝、砂漠のど真ん中に停《と》まっている1台の車が見えたとき、全身の血が冷えるかのような気味悪さがあった。私を襲うため、ここで待ち伏せているのだろうか……。背を向けて逃げることも考えたが、相手は車なので逃げられないだろう。「ええい、どうにでもなれ」と覚悟を決めて前進する。いつどこから襲いかかってくるかわからないので、ヘッドライトで慎重に周囲を照らし、車にも光をあてる。緊張でねっとりと汗ばんだ手で三脚を握って武装したが、結局誰かが襲ってくることはなかった。

痩せ細った２頭のヒトコブラクダ。

あそこに車があったのは明らかにおかしいが、私を襲おうとした人間がいたのかはわからない。いや、おそらくいなかったのだろう。

しかし、それくらいに神経が張り詰めていたし、暗いうちから歩き始めることの是非を今一度考えないといけないと思った。早朝に出発したところで得られるのは、せいぜい2時間ほどの時間的余裕だけだ。襲われて全財産を失うリスクに見合った価値ではないのである。

エドフが近づくと、茶色く殺風景な世界が豊富な色彩で彩られていった。ヤシの木が茂り、丈の高い植物が一面に植えられている。澄んだ小川が流れ、陽光を反射させた水面が煌《きら》めいていた。

長かった東方砂漠は終わった。何度も葛藤を重ね、心身に限界を感じたこともあったが、足跡を途切れさせることなく歩き抜いたのだ。

水瓶《みずがめ》が至るところに置かれ、冷水を供給する冷水機も見かける。キンキンに冷えた水が飲み放題だ。水を飲み干しても、すぐに新たな冷水機が現れる。東方砂漠で渇きに苦しんだ日々を思い出せば夢のような場所だった。

エドフはナイル川の両岸に跨がった小さな町だ。ルクソールとアスワンの間に位置し、ホルス神殿という、エジプトの数ある遺跡の中でも最も保存状態のよい大きな遺跡がある。

エドフ付近まで来ると緑が現れ、道の脇には水の入った瓶も見られるようになった。

エドフからアスワンに向かう途中、ナイル川のほとりにテントを張った。

ここからはナイル川に沿って南下していく。町外れに検問所があり、停止するよう指示された。

「どこへ行くんだ?」「アスワンを経てスーダンを目指している」

警官はパスポートをパラパラとめくった後、紙とペンをわたしてきた。私の熱烈なファンなのだろうか。それとも住所交換をして文通でも始めたいのか。彼らがなにを求めているのかわからなかったが、「警察による護衛は必要ない。自分の意思により単独でここから先へ向かう」という内容を一筆書き残していけとのことである。英語と日本語でそれぞれ書かされた。

この先単独で行動することを許可するが、なにか起こったとしてもすべての責任は私自身に帰結するということを示したいのだろう。いわゆる自己責任である。ものものしいようだが、外務省の安全情報によるとルクソール～アスワン間の治安は問題なく、警察も「ノープロブレム」と言った。

ここまで延々と乾いた砂漠が続いただけに、久々に目にする緑に癒され、溶けるような安らぎに身を包まれたが、砂漠を抜けたとたん、若い男に「マネー」と言われた。ニコニコと仏様のような笑顔のおじさんは無言で手を差し出し、挙句の果てには警察までもが「マネー」である。さらには、下校中のトラックの荷台に乗った学生が石を投げてきた。小学生の集団はべったりと背後を歩き、荷物を叩いてくる。

「おいコラ! なにをやっとるんじゃ!」

私はその都度目を吊《つ》り上げて声を荒げた。まったく有人地帯に入ったとたんにこれである……。とても過酷ではあったが、穏やかな静寂に包まれていた東方砂漠を、ほんの少しだけ恋しく思うのだった。

◎6◎ スーダンへ

これまで、エジプト南部の町アスワンからスーダンへ向かうには、ナセル湖をフェリーでわたる以外に選択肢がなかった。しかし数か月前に陸路での越境が可能になり、国際バスが運行されるようになったらしい。アフリカ大陸を全行程徒歩で踏破したいと考えている私にとっては朗報である。

スーダンに入るにはビザが必要だ。というか、アフリカの国の大半で入国するのにビザが必要である。

ビザというのは、有効なパスポートを所持し、入国しても問題ないことを示す入国許可証みたいなものだ。国によって料金が異なり、国境や空港で入国時にビザを取得できる国もある。首都にある大使館で申請するのが一般的だが、アスワンにもスーダン領事館があり、カイロでビザを取得すれば100ドルかかるところ、アスワンなら50ドル。なんと半額なのである。

閉店間際のスーパーで「半額」というシールが貼られた賞味期限間近の食品を見かけることがあるが、この半額シールが貼られたスーダンビザは、賞味期限(滞在可能期間)が短いわけではない。カイロで取得するビザと同じく1か月の滞在が許可される。言ってみれば特価品である。そんなわけで、アスワンに着くや否や、まずは特価品のビザを求め、スーダン領事館へ向かった。

しかし地図を頼りに領事館を探すも、どうやら移転したようでなにもない。地元民に教えられた場所へ行っても領事館らしきものはどこにもなくて、途方に暮れる。

「一体どういうことなのだ……」

領事館といえば、一国の領事が職務を行う公館である。ビザ申請など旅行者の窓口的役割を果たすところなのに、誰もその場所を知らないとは……。移転したなら、「下記の場所へ移転しました」と貼り紙でも貼っておくのが常識だろうに。

ダメもとでツーリストインフォメーションへ行ってみれば、さすがはツーリストインフォメーション。スーダン領事館の移転先というレア情報まで把握していて住所を教えてくれた。

しかし領事館を探して彷徨っているあいだに時間は過ぎていき、昼近くになっていた。

「ビザ申請できるのは午前中だけなので、タクシーを使って行ったほうがいいよ」

ツーリストインフォメーションの職員はそう言って、スーダン領事館の住所を紙切れに書いてわたした。地を這《は》うミミズのように、クネクネして解読不可能なアラビア文字だが、メモを一瞥《いちべつ》したタクシードライバーは迷うことなく領事館へと送り届けてくれた。

アスワンの中心から数キロ離れた一角にスーダン国

アスワンのメインストリートに店を出す果物屋。さまざまな果物を売っている。

旗を掲げた領事館があった。さっそく申請書類に記入していると、リトアニア人旅行者もビザ申請に訪れていた。リトアニアを訪れたことがなければ、リトアニア人と遭遇するのも初めてのことである。バルト三国の位置関係もよくわからず、私にとっては謎の国だ。

　未知なるリトアニアに想いを馳《は》せながら申請書類を提出すると、「午後に受け取りに来い」と言われ、難なくビザ申請を終えた。

「それではまた」とリトアニア人旅行者に声をかけようとしたら、やはりスーダンからしても珍しい国なのか指紋を取られていた。かわいそうなリトアニア人。機会があればいつか訪れてみたいものだ。

　ビザを取得し、スーダンへ向かう準備は整った。いよいよ国境を目指して出発である。しかし、町を抜けた先に現れたアスワンロウダムの上を通ろうとしたら「ここを歩くのは禁止されている」と、警備の兵士が行く手を阻んだ。たしかに車1台分の幅しかないが、交通量は少なく、車が通らない時間帯もある。「走って一気に通過するから」とお願いしても、兵士は「ダメだ」と首を横に振った。

どうしようもないので一度町へ戻り、なんでも知っているツーリストインフォメーションで別の道を教えてもらう。しかし今度は、検問所が私の前に立ちはだかった。

　日の出前の検問所には世界遺産アブ・シンベル神殿へ向かうツアーのミニバスが何台も待機している。どうやらここから隊列を組み、警察の護衛つきで砂漠を走るようだ。

　いつどこでなにが起こってもおかしくない。そんな時代の中を生きているが、テロが頻発するエジプトでは、なおさらそう感じる。警察が安全のため通行を制限するのも当然なのかもしれない。

「歩いてスーダンへ行きたいんですが……」

「ここから個人で南へ向かうには通行許可証が必要だ」

「アレクサンドリアからここまでずっと歩いてきて、喜望峰まで歩いていきたいんです」

　必死に交渉をするが、そんなことは一個人の勝手な事情に過ぎず、まったく埒《らち》が明かないし、彼らに裁量権がないのは明らかだった。ほかに南へ向かう道はなく、残念ながら徒歩でスーダンを目指す道が完全に閉ざされてしまった。

　がっくりと肩を落とすのもほどほどに、気持ちを切り替えて次のことを考えないといけない。アスワンからスーダン北部の町ワディ・ハルファまで交通機関で目指すなら、バスとフェリーのふたつの選択肢があった。

　バスなら180ポンド（3000円）、フェリーは326ポンド（5400円）と2000円以上の差がある。バスが毎日運行されるのに対し、週一便のフェリーはタイミング悪く6日後だった。

　どちらがよいかは一目瞭然ではあるが、私はフェリーを選んだ。スーダンまで歩けなかったことは自分にはどうすることもできない理由だっ

ナイル川を照らす夕陽と、川面を走る白い帆のフルーカのマッチングはとても絵になる。

た。しかし、歩くことが叶《かな》わなかった道をバスで走り、車窓から景色を眺めるのは敗北感に打ちのめされるかのようで悔しいではないか。そんな意地を貫いた結果、さらに6日間延泊することになり、アスワンには計10泊も滞在した。

10月に入り、暑さのピークが過ぎたとはいえ、平均最高気温36℃という土地だ。カラッと乾燥した気候だが直射日光は凄《すさ》まじく、私のやる気は瞬殺されてしまった。日中の暑い時間帯はエアコンが効いた宿の部屋で過ごし、朝夕に町をブラブラ歩くという日々が続いた。

アラビア語で市場を意味するスークがある通りは、香辛料や果物、カラフルな民族衣装を売る店が軒を連ね、町で最も賑やかな場所だ。南端まで歩いた後は、ナイル川へ向け歩を進める。

ナイル川を眺めるなら、太陽が西に傾いた夕方がよい。斜陽がオレンジ色に染めた川面を、フルーカと呼ばれる白い帆のヨットが行き交うシルエットは、すごく絵になるのだ。

そんな景色を眺めながら、エジプトでの日々を振り返り、物思いにふけっていたら、「明日フルーカのツアーに参加しないか?」とフルーカの船長が次々にやってきた。感傷的な気分は一気に吹き飛んで、現実に引き戻された。

「明日スーダンに向かうんだよ」

エジプト~スーダン間にあるのは、アスワンハイダムによってできたナセル湖という人造湖だ。船での国境越えはどこかロマンを感じさせるが、船を見た瞬間、絶句してしまった。

ナイル川を行くフルーカのような優雅さの欠片《かけら》もない、ただの貨物船なのである。まるで夜逃げするかのように大量の荷物を運んでいる人も少なくない。家電製品に食料、大きな段ボール、そんなにたくさんの荷物をスーダンへ運んでどうするというのか。もしかしたら、ほんとうに夜逃げしている家族がいるのかもしれない。

大量の荷物が積まれたデッキは文字通り足の踏み場もない状態で、まるで難民船である。スーダンへのバスが運行され、陸路での越境が容易になったとはいえ、運べる荷物が限られるので、大荷物を持った人にとってフェリーの需要はまだまだあるようだった。

貧乏旅行者の私は、最も安い2等のチケットを買っていた。個室どころかベッドすら与えられないが、船内やデッキで自分の好きな場所を見つけて過ごせばよいらしい。

小さな丸い窓から光が差し込む船内は薄暗く、見るからに硬そうな長椅子がいくつも並んでいる。禁煙や分煙といったルールは存在せず、タバコの煙がモクモクと立ち上り、トイレに入れば異臭が鼻を衝《つ》いた。長椅子を確保した私は足を伸ばして横になった。冷房が効いているので快適に過ごすことができる。

一応2食付きだが、十分な数の食事が用意されていないらしい。「食事が遅くなるとチキンがなくなって、ゆで卵になってしまうよ」と常連のスーダン人が教えてくれたので早めに夕食をとったが、それにしてもチキンがゆで卵になるなんてひどい話だ。

翌朝、デッキで風に当たり涼んでいたら、人々がざわめき、陸地を眺めていた。その方向に目をやれば、4体のラムセス2世像が威風堂々と鎮座し、その周り

ナセル湖をわたるフェリーのデッキには、大量の荷物が積まれていた。

2等船室では長椅子を確保した。

にはポッポッと小さな人影が見えた。アブ・シンベル神殿だ。実際に足を運んで巨像の大きさに圧倒されるのもいいが、フェリーから眺めるのもまた一興だ。
　やがて前方に褐色の大地が見え、ワディ・ハルファの港に到着したのは昼頃だった。前夜のうちにフェリー内でパスポートに入国スタンプは押されていたが、書類記入と荷物検査に2時間を要した後、ようやくスーダンの地を踏んだ。

フェリーからアブ・シンベル神殿を眺める。
周囲の人々が豆粒のようだ。

スーダン

2014年10月27日〜11月26日

◎7◎ワディ・ハルファの町で

ワディ・ハルファ港近くには大きな黄色いトラックが停車していた。車体に「CAIRO TO CAPE TOWN」と描かれ、荷台には開閉可能な大きな窓があり座席が設置されている。

　2012年末、私はカンボジアの首都プノンペンで年越しをした。1泊5ドルの安宿だが部屋にテレビがあり、日本の衛星放送を見ることができた。このとき見たのが、シルクロードを西から東へ改造トラックに乗って、多国籍の仲間と旅をするルポルタージュだった。なかなかおもしろい番組で、旅に参加していた日本人女性がハナエという名前だったことを今でも覚えている。

オーバーランドツアーの人々が乗る大きな黄色いトラック。

　そういえばフェリーには、十数人の欧米人グループが乗っていたが、どうやらアフリカ大陸を縦断するオーバーランドツアーらしい。オーバーランドツアーというのは、国籍も年齢も関係ない人たちが、大きなトラックに乗って見どころを回るツアーのことだ。カイロからケープタウンまで総距離1万キロ超、なんてスケールの大きいツアーだろうか。

　この日は、港から数キロ離れた町の安宿に泊まった。1泊10ポンド（140円）と格安だが、ベッドに案内された瞬間、言葉を失い、立ち尽くしてしまった。案内された先に部屋はなく、砂が積もった中庭にたくさんのベッドが無造作に並んでいるのだ。野戦病院さながらの光景である。異様な雰囲気ではあるが、真っ白な民族衣装に小ぶりのイスラム帽子をかぶった男たちがベッドに腰かけていて、笑顔で迎えてくれた。

　船旅の疲れを癒すべく「シャワーはどこにありますか?」と宿の人に聞くと、教えられた所には茶色い水が張られたドラム缶があるだけだった。けれども、半分に切られたペットボトルを手桶にして頭から水をかぶれば、汗と埃が流れ落ち、爽快な気分だ。

中庭にベッドが置かれただけの、まるで野戦病院のような安宿。

決して快適とはいえない宿だが、笑いが込み上げ、頬が緩んでしまった。スーダン初日、なかなかおもしろい始まりではないか。

町の中心にある小山に登れば周囲を一望できる。マッチ箱のように小さなコンクリートの建物がいくつも並び、その大部分が平屋である。大きな建物といえば、4階建ての建物がひとつとモスクが見えるくらいだ。果てしない砂の海の中に町がポツンと浮かび、1本の道路がどこまでも伸びていた。明日からこの道を歩くのだと思うと、興奮で気持ちが昂り、思わず武者震いした。

明日からの歩行に備え、食料を探し歩いた。砂がうっすらと積もった茶色い道を踏みしめるたびに、空気中に砂塵が舞った。ビスケットなど行動食はエジプトと比べて品数が乏しいものの、小さな市場には意外にも野菜や果物が豊富に並んでいる。バナナやオレンジなど、一体どこで生産されたものだろう。数個のグレープフルーツとクッキー、9リットルの水を用意した。

夕闇が色濃くなり始めた頃、人々は涼しくなった町へと繰り出す。屋台からは羊肉を焼く白い煙がもうもうと上がり、香ばしい匂いが漂っている。電球の明かりがポッポッと闇の中に浮かび上がった。路上にはテーブルがいくつも並び、食事をとっている家族の姿が見える。町の一角では数十人が列を作って集団礼拝を始め、街頭に置かれた小さなテレビの前では男たちが群がって熱心にドラマを見ている。

砂漠の小さな町で繰り返される日常があった。モノクロの古いフィルムを見ているかのように、古き良き時代という形容がふさわしい、どこか懐かしさを覚える光景だ。

今この場所に立ち、彼らと同じ空気を吸って同じ時間を過ごしていることが、なんだか不思議に思えた。イスラム圏で起きるテロや武装組織、そんな物騒なものからは遠く離れた世界だった。優しく穏やかな空気が包み込み、とても平和な時間が流れていた。

◎8◎ 再会

硬いベッドから体を起こすと、周囲からは寝息が聞こえてきた。彼らを起こさぬよう、そっと荷物を運び

街頭に置かれたテレビでドラマを見ている男たち。

出す。しばらく歩くと星の輝きを打ち消す明かりは消え、絵筆でベッタリと塗りつぶしたかのような漆黒の闇に包まれた。この砂漠にいるのは私ひとりだけだ。

空を見上げれば、宝石を散りばめたかのように無数の星が煌めき、流れ星が長い軌跡を描いて落ちていく。宇宙が手の届く場所にあるように感じられ、地球という惑星はこの宇宙の一部なのだと強く実感する。

宇宙という空間に終わりはあるのだろうか。あるいは無限なのだろうか。誰がこの世界を創り上げたのだろう。人類が滅亡しても宇宙は存在し続けるのだろうか。こんな場所に身を置けば感性が研ぎ澄まされ、普段考えることのない疑問や思考が頭の中を巡り回る。

6時を過ぎて、ようやく空が白み始めた。スーダンのヌビア砂漠（サハラ砂漠の一部）も日中の暑さはとても厳しく、直射日光を浴びた水はすぐに熱湯と化した。熱湯を飲みたくはないが、潤いを失くして粘々とした口内はとても不快なので、何度もペットボトルに手を伸ばす。

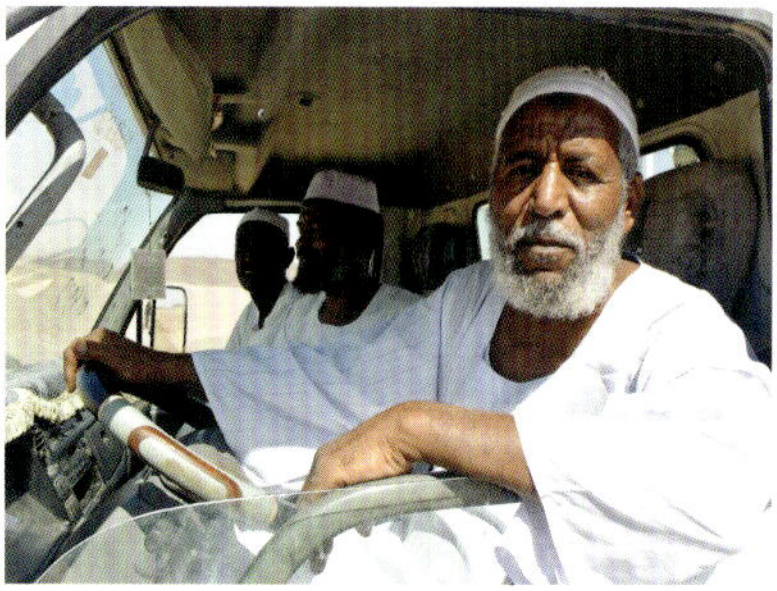

「乗っていくか？」と声をかけてくれた白い民族衣装のおじさんたち。

「冷たいものが飲みたい。いや冷たくなくてもいいから、せめて常温のものを飲ませろ！」

幾度となくそんなことをぼやき、待望のカフェが現れたのは、ワディ・ハルファから2日目、90キロ歩いたところだった。

カフェといっても、カフェラテ片手にマックブックを広げた女子が集まるような小洒落《こじゃれ》たものではない。土壁の建物の中で、髭面《ひげづら》の男たちが話に興じながら水タバコをふかしている、そんな店だ。砂漠のど真ん中なので冷えた飲料など期待できないと思ったが、意外にも立派な冷蔵庫があり、冷たいコーラで喉を潤した。

暑さですっかり食欲は失せていたが、美味しそうな匂いが隣から漂ってきて、食欲をかき立てられた。チ

ヌビア砂漠でも暑さは厳しい。水分補給のため「熱湯」を飲む。

ラチラと横目でようすを窺えば、よだれが滴り落ちそうになる。我慢できなくなり同じものを注文すると、羊肉を煮込んだ料理が運ばれてきた。シチューのようにコクがあって濃厚だ。噛みしめるごとにクセのある肉の風味がジワジワと口の中に広がっていき、あっという間に平らげた。

前方に緑が見えたのは3日目のことだ。目の錯覚かと思ったが、ナイル川に沿って生命力溢れる鮮やかな緑が続き、土壁の素朴な家々が並んでいる。

水瓶の濁った水を水筒に入れる。
水は意外にも冷たかった。

川に並行した道を歩いていくと、ところどころに素焼きの大きな水瓶が置かれていた。濁った水面に小さな虫が浮いていて、一瞬飲むことをためらったが、「これを飲めないようならアフリカを歩くことなどできないのだ」と一気に水を飲み干す。いや、実際のところ、そんな大袈裟な覚悟など必要なく、冷たい水の誘惑に抗うことなどできないのである。

水瓶が置かれた建物の陰から陽のあたる場所に一歩出れば、地面から熱気が立ち上り、陽炎が揺れていた。戦意を喪失させる暑さだが、水瓶の水は驚くほどにひんやりとしていた。水瓶の表面から水が滲み、それが乾いて水蒸気になる際に熱が奪われて水が冷えるらしい。砂漠で暮らす人たちの知恵に感心させられた。

足と腰に痛みを感じ始めたのはこの頃からだった。ミネラルウオーターが尽きた後は、常に濁った水を口にしていたので、その影響だろうか。もしかしたら感染症かもしれない。なにしろ、ここはアフリカなのだ。

足腰を伸ばしてストレッチをしてみるが、効果はなく、身体に気怠さを感じ始めた。歩く意思はあるが、身体が言うことを聞いてくれない。いつもより長い休憩をとりながら騙《だま》し騙し進んでいくが、体調は悪化し、たまに涼しい風が吹けば鳥肌が立ち、ぞくぞくと悪寒《おかん》がした。

サージと名乗る、白いランニングシャツを着た少年に声をかけられたのはそんなときだった。言葉は通じないが、ジェスチャーを交えて必死になにかを訴えてきた。どうやら、家へ招きたいと言ってくれているらしい。私の姿を見るや否や、裸足《はだし》で飛び出してきたようで「ゼエゼエ」と息を切らしていた。

「シュクラン」その申し出に感謝すれば、サージは照れくさそうに笑った。彼の家に着くと、お椀《わん》に入った水が差し出された。やはり濁っているが、迷いなく一気に飲み干すと、少しずつ身体の熱が引いていくのを感じた。エジプトの水道水と比べ、臭みはなくて飲みやすい。

お母さんがチャイとビスケット、デーツを運んできた。イスラム教徒の女性は「美しいところを他人に見せない」という教えを守り、どんなに暑くてもヒジャーブで髪を隠している。表へ出ることなく控えめな印象だが、家の中では開放的で、異教徒の私にも黒い髪を露わにしたまま応対してくれた。

デーツはナツメヤシの果実で、北アフリカやアラブ圏で食べられている。砂漠のような雨の降らない乾燥地帯でも育つので、そこで暮らす人々の大切な食料なのである。楕円形のデーツをかじれば、どこか懐かしい味が記憶の中を彷徨い始めた。すぐに「そうだ干し柿だ」と閃《ひらめ》いた。味も食感も、まるで干し柿のようだった。

この家を訪れてわずか3分。「今夜はここに泊まっていきなさい」とお父さんが申し出てくれたが、悩んだ末にその申し出を断った。時間に対する焦りがあった。スーダンに滞在できる期間は1か月だけだ。そのあいだに1500キロを歩き、エチオピアまで抜ける必要がある。

もしかしたら、首都ハルツームでビザの延長ができるかもしれないが、それも不確かだ。多くの旅行者はスーダンを足早に通り抜けていくようで、過去に誰かがビザの延長をしたという情報は皆無だった。

私はもともと心配性であり、物事を楽観的に考えるよりは悲観的に捉える人間である。あらかじめ最悪な事態を想定しておけば、思惑通りにいかなかったとき

家に招いてくれたサージ（右）と、その父親。

の落胆も小さいはずだし、万が一に備えることができる。そういうこともあり、ビザが延長できないことを前提に考え、期限内に歩き抜くつもりでいた。

しかし、ほんとうにこれでいいのかという思いもある。朝から晩まで歩くだけの毎日。まだ4日目だが、酷暑の中1日60キロを歩くのは楽ではないし、現に今は体調を崩しているのだ。

「なにも問題ないか？」「車に乗せてやろうか？」

砂漠を歩く東洋人の姿が珍しいからか、何度も声をかけられた。エジプトと違い、観光資源が乏しいスーダンを訪れる旅行者が少ないため、この国の人たちは旅行者慣れしておらず、素朴で無垢《むく》な姿を見せてくれる。

小さなカフェに辿り着いたある日のことだ。「ここで食事をとることはできますか」と尋ねると、食事は提供していないようだったが、「これから昼食だから一緒に食べよう」と彼らの食事に誘われた。

ござの上で車座にすわり、銀色の大きな皿をカフェの男たちと囲んだ。ターメイヤというそら豆のコロッケヤパンの断片、フールという豆料理が混ざった料理は見栄えが悪く、美味しそうには見えないが、恐る恐る料理に手を伸ばし、指を使って口に運んだ。フニャフニャとしたパンとカリカリのターメイヤが合わさった不思議な食感だが、思わず目を丸くさせた。

「ラズィーズ（美味しい）」と言えば、「ハハハ。そうだろ、美味いだろ」と男たちは誇らしげに笑い、もっと食べろと促した。ついさっきまで知らなかったスーダン人と談笑しながら食事を囲んでいる、今という時間に幸せを感じた。

再び砂漠を歩き始めると、スーダンのものとは異なる英字ナンバーの車が横切っていった。間髪入れず、2台の大型バイクが風を切るように颯爽《さっそう》と通り抜けていく。単調で退屈な砂漠に変化が訪れたと思ったのに、痛恨の素通りである。……と思ったら、すぐに彼らは引き返してきた。

ミニクーパーという小型車に乗った男はデンマーク人で、2台のバイクにはオランダ人が乗っていた。エジプトから喜望峰まで歩くことを説明すると、「アン

ヌビア砂漠のど真ん中で、ミニクーパーのデンマーク人、
大型バイクのオランダ人ふたりと記念写真を撮る。

ビリーバボー、クレイジー」と声を揃えた。彼らも喜望峰に近い南アフリカ・ケープタウンを目指しているので、どれだけ遠いのかよくわかっているのだ。そしてなにより、私たちのスピードが大きく異なることも。

私がワディ・ハルファからここまで6日間歩いているのに対し、彼らは昨日町を発ったばかりだという。暑さと渇きに苦労した日々をあっという間に通り過ぎるなんて、まったく恐ろしいスピードである。

しかし大都市や観光地ではなく、ヌビア砂漠のど真ん中で出会うなんて、おもしろいではないか。機動力の差は大きいが、ともに自ら舵《かじ》を取って進んでいるから出会えたのだ。これぞ旅の醍醐《だいごみ》味ではないかと思う。

そう、出会いこそ旅の醍醐味なのだ。実は今回、スーダンではある目的があった。

10年前、バックパックを背負ってスーダンを旅したとき、大型トラックをヒッチハイクした。今でこそ砂漠の中を立派な舗装路が伸びているが、当時そこに道はなく、トラックはもうもうと砂煙を上げながら道なき道を走り続けた。荷台に積まれたセメント袋の上に横たわり、汗と砂、セメントの粉が混ざった身体はとても汚かった。

地平線の彼方《かなた》へ沈んでいく夕日を眺め、夜空を彩る満天の星空に感嘆の声を上げた。ギラギラとした太陽に照らされ、渇きに苦しんだが、オアシスで分けてもらった水で息を吹き返した。過酷なこともあったが、スーダン人の優しさに触れ、サハラの偉大さを知った。

砂漠の旅を終えた後、トラックの運転手のおじさんが家に招いてくれ、2泊お世話になった。おじさんの名前は忘れてしまったが、彼が暮らす町がアルゴという名前であったことは、10年経った今でもはっきりと覚えている。白い民族衣装を着た男とその家族たちと過ごした4日間は、とても貴重で忘れられない思い出だ。

そんな経験があったからか、今回のアフリカ大陸縦断で最も楽しみにしている国はスーダンだった。そしてできることなら、アルゴを訪れ、おじさんたちと再会したいと密《ひそ》かに企んでいた。

しかし、地図やガイドブックに載っていないアルゴを探し出し、再訪するのは無謀な気がした。テレビ番組の企画にありそうな話だが、私の場合、ヤラセも演出も一切なし。すべて自分でやらねばならない。

果たして、この大きな砂漠の国で人探しなどできるのだろうか。手がかりは、アルゴがドンゴラという町の北に位置していたという記憶と、お世話になったおじさんと家族の写真だけだった。

地元民と話すたびにアルゴについて聞いてみると、幹線道路から10キロ離れたナイル川沿いに町があることがわかった。夕方訪れたカフェでも写真を手に聞き込みをする。

「この男の人を知っていますか?」

「知っているよ。トラックの運転手だろ」カフェの主人はハンドルを回す仕草を見せた。

「うわぁ、知っているんですか!」

予想外の言葉に興奮し、急速に身体が熱くなるのを感じた。

幹線道路を外れ、教えられた未舗装の道を進めば、集落が現れた。写真を出して、再び聞き込みをすると、数人の男たちが覗《のぞ》き込み「この道を真っすぐ行って右だ」と家の方向を教えてくれた。さらに聞き込みを4度重ね、ついにおじさんの家に辿り着いた。

笑顔で出迎えてくれた女性に数枚の写真を見せると、目を大きく見開いて驚きの表情を見せた後、興奮して上ずった口調で「これ私よ」と10年前の彼女を指差した。

「この人は?」

「これは近所のおばさん」

「この子は?」

「彼女よ」と、傍らにいる少女に目をやった。写真の中の幼い女の子は、10年分成長して少女になっていた。当時の写真を見た少女は、恥ずかしそうにはにかんだ。

「10年前はもっとスリムだったわ」と別の女性は呟いた。その言葉に周囲から笑い声が上がった。

「おじさんは?」おじさんの写真を見せると「今日はいないの」と奥さんは言った。

おじさんの名前はアワッド。今も現役のトラックドライバーで、この日はスーダン南部を走っているらしい。

スーダンに滞在できる日数が限られているので迷いもあったが、ここまで来ておいて、アワッドに会わないままアルゴを去るわけにはいかない。突然の来訪ではあったが、彼ら一家も私がここに留《とど》まることを歓迎してくれた。

翌朝、アワッドの息子ムハンマドに誘われた。彼もまたトラック乗りで、スークへ出かけるだけなのに大型トラックに乗り込んだ。

「スーク（市場）へ行くぞ」

スークにある食堂でムハンマドの友人たちと大皿を囲んだ。家でもムハンマドたちと皿を囲んで食べているが、彼らとの距離が縮まる気がするので、このように大勢で食べるスタイルは好きだ。

器用に指を使い、フールをすくうのにもすっかり慣れた。褐色の手が次々に伸

スークの食堂で、アワッドの息子ムハンマドたちと大皿料理を囲んだ。

びる銀色の皿に私も同じように手を伸ばせば、自分の存在が彼らに受け入れられている気がして、言葉にならない喜びを感じた。

アワッドは明日戻ってくると聞いていたが、結局彼が戻ってきたのは2日後のことだった。10年分の年を重ねているが、当時と変わらず白い民族衣装を着て、立派な髭を蓄え、大きな変化は見られない。

もちろん、彼も10年前にトラックの荷台に乗せた日本人のことを覚えており、「よく来たな」と握手をして抱き合い、再会を喜んでくれた。

久々に戻ってきた父親に幼い子どもたちが甘えるのは、スーダンも日本も変わらないらしい。皆、アワッドの側《そば》を離れようとしない。子どもたちが率先して身の回りの世話をする様は、一家の長としての威厳を感じた。

チャイを飲みながら、エジプトから歩いてきたこと、彼の写真を見せながら家を捜したことなどを説明し、10年前のスーダンでの旅や当時と比べての変化について語り合った。

好きな言葉を尋ねられたら「一期一会」と答える。

一生に一度だけの出会いはどこか儚くて美しいものだが、こうして再会するのもよいものだと思った。

10年という長い年月で、私はどれだけ成長しただろうか。その約半分を歩くことに費やしてきた。

お金はあまりなくて富を築いてきたわけではないが、アワッドのように世界中にもう一度会いたいと思える人がたくさんいるというのは、大きな財産だ。「お金で買えない価値がある」というカード会社のキャッチコピーがあったが、まさにひとつひとつ大切に積み重ねてきた出会いや経験は、お金で買うことはできないのだ。

再会を祝し、アワッドと写真を撮った。

「10年後、またこの写真を持ってアルゴに来てくれよ」

目尻に皺《しわ》を寄せたアワッドは10年前と同じように笑顔を浮かべ、旅立つ私を見送ってくれた。

◎9◎ 砂漠の民

アルゴから1日歩いて、ドンゴラに到着した。

「フンドゥック（ホテル）はどこですか?」

10年ぶりに再会したアワッド（中央）と彼の子どもたち。

アラビア語と英語を交えながら宿を探せば、地元民の助けもあって簡単に見つけることができた。しかし、その宿には個室しかなく、1泊100ポンド（1400円）と安くはなかった。宿を探しているのに個室が不満というのも変な話だが、私が探しているのはこれじゃないのである。

咄嗟《とっさ》に「ロガンダ」という単語が頭に浮かんだ。通行人に声をかけて聞いてみると、「あそこだよ」とすぐ先を指差した。ワディ・ハルファで泊まった宿のように、野戦病院風のベッドが並ぶだけの簡素な宿をロガンダというのだ。

旅行者はおらず、数人のスーダン人がベッドに横になっているだけだった。毎日テントで寝ている私からしてみれば、宿代ほどムダなものはない。生きていくうえで食べることは不可欠だが、宿に泊まらなくてもどこでも寝ることはできる。1泊10ポンド、不満はまったくない。

ナイル川が近いからか、アルゴからドンゴラへの間には緑が多く、農作業をしている人を目にした。砂漠の中を歩くラクダは絵になるが、緑の中を歩くラクダには違和感を覚える。しかし水量は豊富なようで、この簡素な宿でもシャワーを浴びて汗を流すことができた。

スーダンを訪れる外国人旅行者は、外国人登録が必要となる。ビザに50ドルも払っているというのに、さらに外国人登録が必要とはふざけている。しかも318ポンド（4500円）と非常に高い。入国後3日以内に外国人登録することが義務づけられているので、ワディ・ハルファで警察署に足を運んだ。しかし手続きが面倒なのか、職務放棄するかのように「ここではできない。ドンゴラですればいい」と言われた。

「それは困る。歩いて旅しているから、ドンゴラへ着くのは10日後になる」「そんなことは問題ないよ。インシャラー」

インシャラーとは、「神の思《おぼ》し召《め》しのままに」を意味し、イスラム圏の人はいつも、ふた言目にはインシャラーと口にする。約束をしても「インシャラー」なのである。それが守られるかどうかは神様次第ということなのだが、このあたりは、とても適当で緩い。

しかし、時間はきっちりと守ってほしいものだ。外国人登録をする事務所の業務開始は8時のはずだが、担当者が現れたのは9時、すべての手続きが終わったのは10時過ぎのことだった。「インシャラー」すべては神の思し召しのままにということだろうか。

ドンゴラから約200キロ南進すると、首都ハルツームへと至る砂漠道路が始まり、ここからはナイル川に背を向けて歩くことになる。一面褐色の砂漠が広がり、とても美しい世界だが、生命の存在を拒む死の世界でもあり、時折、息絶えたラクダの亡骸《なきがら》が現れる。

暑さに耐えられず、ペットボトルに入った水を頭にかぶるが、まるでホットシャワーのようだ。食欲は失せるし、パンやビスケットなど、パサパサしたものを干涸びた口に入れたくはない。水分を多く含んだ果物が欠かせないものとなり、オレンジやスイカを食べて水分を摂取した。

たまに有人地が現れれば水を補給する。ある集落では、私の姿を見た女性が危害を加えられると察したのか、子どもを抱いて隣家へ逃げ込んだ。集団で固まった女性たちが鋭い眼光で睨みつけてきた。見た感じ、男性はいないようだった。イスラム圏で男性不在の家を訪れるのはよくないことなのかもしれない。不審者でないことをアピールするため、空のペットボトルを見せて「水をください」と伝えると、彼女たちの表情に安堵《あんど》の色が広がり、水を分けてくれた。

日中の暑さを避けるため、ヌビア砂漠でも4時前から歩く毎日だ。そんなある朝、どこからか虫の音が聞こえた。先日モスクにテントを張ったときはカエルを目にしたが、そこには水があった。この虫は一体なにを食べているのか。その小さな体のどこに砂漠を生き抜く生命力があるのだろう。

殺人的な日差しの下を歩けば、文字通り殺されかねないので、日中の数時間を日陰で休む。ドライヤーのような熱風がサハラの砂を吹き飛ばし、休んでいるだけでもじわじわと体力が奪われていく。

木陰でぐったりと横たわっていると、どこからともなく地元民が現れて、砂海の中へと消えていく。見わたす限り家など見えないというのに、トボトボとひとりで歩く子どもを見れば、頼りない足どりに思え、道に迷って遭難しないのだろうかと心配になる。日本の

ヌビア砂漠に沈む太陽。砂漠で見る夕陽や朝日は大好きだ。

子どもが経験する「初めてのおつかい」も、スーダンでは「初めての冒険」になるはずだ。

あるとき、路上にスイカを並べ、客がやってくるのをただじっと待ち続ける男の姿があった。1日何台の車が止まり、いくつのスイカが売れ、いくら稼ぐのだろう。こんな日常を繰り返しているのだろうか。彼にとって人生の目的ってなんだろう。幸福ってなんだろう……。

ある日、水を求めて訪れた家では、少年がチャイを出してくれた。身につけている民族衣装は黒く汚れ、裕福な暮らしでないのは明らかだったが、透明感に包まれ、澄んだ目をしていた。砂漠の民の優しさに胸を打たれることは幾度となくあったが、邪心や虚飾、卑しさを感じたことは一度もない。

厳しい砂漠を生きていくうえで、支え合うことは不可欠なのかもしれない。しかし、なぜこんなにも人に優しくできるのだろう。信仰する宗教がそうしろと教えるからなのだろうか。

コンビニもインターネットもなく、物質的な豊かさを感じることはないが、日本が失いつつある心の豊かさがここにはまだ残っている。彼らの生きる世界を目の当たりにすれば、次から次へと疑問や思考が浮かんでは消えていった。

　そんなことを考えながら歩いていた日のことだ。車が停車して、「水を飲むか？」とおじさんに声をかけられた。ペットボトルに入った水がわたされるものと思いきや、おじさんは車のバンパーに吊るされた茶色い動物の皮袋を手に取った。この汚らしい皮袋の中に水が入っているのだろうか。

「さすがにこれは飲みたくないな……」

　断ろうと思ったのと同時に、碗《わん》に注がれた水が差しだされた。無下に断ることもできず、渋々それを口に含んだ瞬間、「えっ」と声にならない驚きが思わず漏れた。信じられないくらいに冷たくて、動物の嫌な臭みもまったく感じない。皮袋は直射日光を浴び続けているはずなのに、どうしてこんなにも保冷力があるのだろう。未知なるものとの遭遇に私は戸惑った。

　困惑した表情を浮かべる私を見て、「どうだ、冷たくてうまいだろ」とおじさんはいたずらっぽく笑った。

皮袋に入った冷たい水をペットボトルに
分けてくれるおじさん。

　1970年代に、ラクダとともにサハラ砂漠横断に挑戦した上温湯《かみおんゆ》隆《たかし》氏の著書『サハラに死す』を思い出した。彼の装備品に皮の水入れがあったはずだ。羊や山羊の皮で作られた水筒は、皮の小さな穴から少しずつ水が染み出し、気化熱で中の水が冷やされるらしい。素焼きの水瓶と同じ原理である。

　かつて、アラブの商人が、羊の胃袋で作られた水筒にミルクを入れ、ラクダに揺られて砂漠の旅に出かけた。喉を潤そうと水筒を開けたら、そこにミルクはなく、白い塊が出てきたという。ミルクが凝固し、チーズが偶然生まれたというのは有名な話だ。紀元前4000年前後の古い話だが、その頃から、皮の水筒は砂漠を行き来する商人のあいだで使われていたことを裏づけている。

「なぜ熱い水を冷たくできないのだろう」

なにもかもが溶けてしまいそうな猛暑の中、朦朧とする頭の中で何度も考えたことだ。カチカチの氷であっても、火で熱し続ければ熱水をつくることができるのに……。

かつて、自身の位置を割り出す道具として用いられた六分儀にGPSがとって代わった。しかし、宇宙旅行が現実になりつつある現代ですら、熱水を冷たくする道具がないというのは驚くべき話であり、未だに動物の皮袋が使われているという事実は、感動的であった。

「ペットボトルにも水を入れてやるよ」

おじさんの申し出を断ることなどできるはずはなく、お礼を言って空のペットボトルを差し出した。

その後も砂漠を南下していくと、大きな皮袋が置かれていて、冷たい水で喉を潤した。そのたびに救われた気分になった。

猛暑の砂漠では、中国からここまでペダルを漕ぎ続けてきた、ジョンソンというイギリス人の自転車乗りと2度遭遇した。アフリカという未知の大陸を人力で旅する人を見れば、初対面であっても戦友のような親近感を抱いてしまう。過酷な砂漠であればなおさらだ。

彼もやはり、暑い日中は木陰で休むという。1日6時間しか走らないが、120キロも進めるらしい。私がこれから3日かけて向かう首都ハルツームに、この日のうちに着いてしまうというのだから、うらやましい限りだ。

連日、北からやってくるバスが砂煙を撒《ま》き散らしながら追い抜いていく。冷房の効いた快適なバスに乗れば、車窓からこの殺風景な景色を眺めるだけだろう。しかし私は、この距離感と暑さ、自然の厳しさ、そしてなにより砂漠の民の優しさを身体で感じ、身体に刻みながら歩いている。良くも悪くもこれが徒歩行であり、私の旅なのである。

◈10◈ 茶色い水

首都ハルツームで1日半の休養をとった後、次なる国エチオピアを目指して南下を始めた。

エジプトからスーダン北部には広大なサハラ砂漠が広がり、イスラム教徒が大部分を占めるアラブ色が濃い地域だった。アフリカ大陸にいながらアフリカらしさを感じることはあまりなかったが、ハルツームを境に景色が一変した。

黄土色の草が大地を覆い、羊を放牧する人の姿を見ることができる。アメリカの牧童は馬に乗ったカウボーイだが、スーダンの牧童はラクダに乗っている。さすがは砂漠の国だ。

広大な草原の中に家々が集まって集落を形成しているのが見える。パーティーハットのような三角の藁葺《わらぶ》き屋根をかぶった土壁の家は、素朴ながらも温かさを感じさせ、いよいよアフリカらしくなってきたと思った。

北部の砂漠を歩き抜き、ほっと胸をなでおろしてい

スーダンの牧童は、馬ではなくラクダに乗っている。

たが、時折なにもない区間が現れるのは予想外だった。補給が容易になると思っていたものの、カフェや商店はなかなか現れず、暑さと喉の渇きに苦しんだ。噴水のように噴き出した汗はザラザラとした塩になり、顔や腕、体のあちこちに白い結晶が付着していた。

西の空が燃え立つように赤く染まった頃、喉を涸《か》らした私は数軒の家が集まる小さな集落に辿り着いた。どうなることかと思ったが、なんとか水にありつけそうである。安堵の溜息をつき、不安から解放された。

「水を分けていただけませんか」おじさんの顔を見るや否や、かすれた声を絞り出した。

「こっちへおいで」とおじさんは手招きし、赤茶色に錆びたドラム缶から水をすくった。そして差し出された碗の中を見て「エッ」と声を上げそうになった。

「冗談だろ？　これを飲めというのか……」

碗の中の水は、まるでカフェオレのように茶色く濁っている。これまで幾度となく濁った水を口にしてきたが、これはレベルが違いすぎる。

しかしこちらから水を分けてほしいと言った手前、口をつけずに碗を返すのは失礼だと思った。それに携

2度目の遭遇を果たしたイギリス人の自転車乗りジョンソン（右）とガールフレンド。

水を分けてくれたおじさんたち。

帯していた水はすでに尽き、これを飲む以外に選択肢はないのである。

そしてなにより試されている気がした。

おじさんに？　いやアフリカに、である。

上温湯隆氏も『サハラに死す』の中で、茶色く濁った水をカフェオレと呼んでいたが、これを飲むことはアフリカを徒歩で旅する者にとっての通過儀礼なのかもしれない。

「よっしゃ、飲んだるわ」

覚悟を決め、恐る恐る碗を口につけて傾ければ、ひんやりとした感覚が滑らかに喉を伝い落ちていった。舌触りや味に違和感はなく、体の熱がスッと冷めていく。「タマーム（最高です）」と無意識のうちにアラビ

分けてくれたのは、ドラム缶に入った茶色い水だった。

ア語を発していた。

おじさんは満足そうな表情を浮かべ、碗の中に2杯目の水を入れてくれた。今度はそれを躊躇なく一気に飲み干す。碗の底には、まるでコーヒーカップに残されたコーヒー粉のように砂粒が沈殿していた。

この日以降、透明な水は手に入らず、茶色い水を携帯し続けた。育成しているつもりはないが、エジプトから使っているペットボトルの底には緑色の藻が生え始めていた。地元民ですら困惑するペットボトルに、茶色い水を注ぐ毎日だ。

茶色い水に対する抵抗があったのは最初だけで、慣れてしまえば「これを飲めないようなら、アフリカを歩く資格などないのだ」とどこか得意気で、達観した気分に浸っていた。

ある日、いつものように民家で水を分けてもらったが、それを口にした瞬間、思わず眉をひそめた。水が濁っているのはいつものことだが、ガソリンのきつい臭いが鼻をつき、とても飲めたものではない。

しばらく歩いたところに池があり、トラックの運転手が水を汲《く》んでいた。「この池の水は飲めるんですか?」と聞くと男は頷《うなず》いた。

池は一面カフェオレのように茶色く濁っているが、不思議なもので、この水を飲むことに違和感を覚えなくなっていた。人間の適応力というのはすごいものだ。

空のペットボトルを手に水を汲もうとしたら、少し離れたところにいる別の男の動きが目に留まった。洗浄剤の容器を池につけた瞬間、容器から白い泡がブクブクと出てきて、茶色い池の水面をユラユラと浮遊し始めた。

茶色い池に白い泡が浮く様は、まるでコーヒーフロートのようである。いやそんなことはどうでもいい。

「大切な水になんてことを!」

私はポカンとして、唖然《あぜん》とした表情でそのようすを見つめていた。ほかの人はそんなことを気にする素振りを見せず、当たり前のように水を汲んでいるのが不思議だった。

さすがに、この池で給水する気は一瞬にして失せた。認めたくはないが、ガソリンの臭いが水に混じっていた理由がわかった気がする。除菌も煮沸もされていない不衛生な水を飲み続けている現実を目の当たりにした気分だ。

　茶色い水からの解放は、ガソリンスタンドに置かれている水瓶だった。透明に澄んだ水はキラキラと眩《まば》ゆい輝きを放っていた。心からほっとするのと同時に携帯している茶色い水は不要になったので、その場に捨てて水を入れ替える。

　さらに先の商店では、ミネラルウオーターが売られていた。やや割高ではあったが命の水である。数本購入し、予備として最後まで持っていた茶色い水は完全に不要となった。

　開栓し、それを捨てようとしたとき「その水はいらないのか？　じゃあ俺がもらうよ」と近くにいたおじさんが手を伸ばしてきた。

「茶色く濁ってますよ」忠告する私から水を取ったおじさんは、水筒に水を移し替え、それを口にした。私は息を呑んだまま、呆然《ぼうぜん》とそのようすを見つめていた。

　透明な水が手に入った瞬間、茶色い水は私にとって不要なものになった。しかし、この地で暮らす人にとっては生きるために必要な水なのである。

　水を捨てるという軽率な行動をとったことを恥じた。

リヤカーに興味を示して集まってきた子どもたち。

砂漠を歩き続けてきたことで、水の大切さについて身をもって知ったつもりだった。茶色い水を口にすることで、砂漠の民に近づけたと錯覚していた。しかし、依然として水に対する価値観や考え方に大きな隔たりがある現実は、少しだけ高くなっていた私の鼻をみごとにへし折ってくれたのである。

砂漠では風が〝見える〟。

地元の家族と記念写真を撮る。

エチオピア

2014年11月26日〜2015年2月6日

11 エチオピア入国

道行く人は荷物や身分証のチェックを一切受けることなく、両国間を自由気ままに往来していた。彼らにとって特別なことではなく、日常の1コマなのだろう。

そんな光景をぼんやりと眺めながら、最後のチャイを啜《すす》る。エジプトやスーダンなど、アラブ圏の社交の場に欠かせないチャイであるが、エチオピアに入ればコーヒー文化に変わってしまうのだ。

地元民に紛れてエチオピアへと続く一本道を歩けば、私ひとりだけが呼び止められて出入国手続きをする。

「ここからエチオピア？」

「そうだよ」歩哨《ほしょう》に立つ兵士に確認し、国境という目に見えない線を跨いでエチオピアに入った。

国境を越えると、メテマという小さな町があった。メインストリートをロバ車が「パカパカ」と蹄《ひづめ》の音を立てながら走り、水色で統一された三輪タクシーが行き交っている。店先の看板はミミズのようなアラビア文字からゲエズ文字に変わったが、こちらも難解で、さっぱり読むことができない。言葉や通貨、食文化など、国境を越えての変化はいくつかあったが、やはり最も大きな変化は宗教だった。

真っ白な民族衣装を身に纏《まと》った男の姿はなく、髪を編み上げたり、ドレッドにしたりした人が多い。女性は髪を堂々と出すどころか、ノースリーブの服を着てボディラインが露わとなり、大きなお尻をフリフリさせながら闊歩《かっぽ》している。なんてことのない光景だが、スーダンから来ればすごく大胆で刺激的だ。

スーダンは国民の大部分がイスラム教徒で、アルコールの販売どころか持ち込みも禁止されていた。だが、エチオピア人の60パーセント超はキリスト教徒である。それはつまり、アルコールに寛容で、堂々と飲めるということだ。

スーダン国境に位置する町なのでイスラム教徒も暮らしているが、町のあちこちにバーがあった。男たちは競うかのようにビールを飲み干し、テーブルには空き瓶がずらりと並んでいる。昼間から飲んだくれた男は目をとろんとさせ、呂律《ろれつ》が回らない口調で「どこから来たんだ？」と話しかけてきた。

私もさっそくビールを頼んだが、「どのビールにする?」とお姉さんは言った。どのビールと言われても、どんなビールがあるかわからないので困ってしまう。

返事に窮《きゅう》していると手招きされ、冷蔵庫へ案内された。そこには意外にも5種類のビールがあり、テンションが上がった。ほほう、なかなかやるではないか。これから先、ビールを飲み比べていくのが楽しみだ。

どれが美味いのかさっぱりわからないが、セントジョージというビールを選んだのはラベルに惹《ひ》かれたからだ。CDのジャケットを見て買うことを「ジャケ買い」というが、ビールのラベルを見て飲む「ラベ飲み」を海外では時々やる。セントジョージの黄色いラベルには、白馬に乗った騎士がドラゴンに槍《やり》を刺しているイラストが描かれている。最も人気があるビールらしく、エチオピア中で売られていた。

グラスに注いだビールは黄金色に輝き、ピチピチと泡が弾けている。神妙な面持ちでグラスを手にし、ゆっくりと口に近づけた。

どこか儀式めいていたのは、カイロ以来2か月振りに飲むアルコールだったからだろうか。意を決して「ゴクリ」と一気に流し込めば、喉仏が大きく波打ち、胃袋に達した後「プハー」と声が漏れた。久々のビールは酔いが回るのが早く、心地よい酩酊《めいてい》感をもたらしてくれた。

日本人が珍しいからか、町を歩くとあちこちから突き刺すような視線を感じる。彼らはフレンドリーに声をかけてくるが、隙を見せてはいけないという直感があった。街灯はどこにもない。太陽が沈み、闇がたちこめれば、家々から漏れるわずかな明かりだけが頼りで、どこか物騒な雰囲気だ。

イスラムの教えを忠実に守りながら暮らす砂漠の民は常に優しさを示し、不安を感じることはなかった。しかし、この先少しでも気を抜けば簡単にやられてしまうだろう。ここからがほんとうのアフリカなのだと思った。

風に吹かれた草がさわさわと静かに揺れている。三角屋根をかぶった土壁の家々が現れ、村のあちこちから白い煙が立ち上っているのが見えた。我が物顔で牛が道を横断し、派手な柄の服を着た女性が歩いている。

「うわっ！　アフリカだ」

次から次へと現れるアフリカの風景に目を奪われ、気持ちがどんどんと昂っていく。異世界に迷い込んでしまったかのような錯覚に陥った。

思っていたよりも村や集落は多かった。土壁の同じような建物が並び、一見どれが食堂かわからないが、軒先に丸い盆が吊るされていたらそこが食堂だ。足を踏み入れた食堂は薄暗く、外から差し込む光だけが頼りだった。思わぬ珍客に、黄色い花が描かれた服を着た女性が不思議そうにこちらを眺めている。もしかしたら、私が初めての外国人客なのかもしれない。

「なにか食べたいのですが」「インジェラがあるわ」

「ほかにはなにかありますか？」「インジェラだけよ」

エチオピアで主食として食べられているのがインジェラだ。エチオピア国内どこへ行っても、辺鄙な田舎の小さな村でもインジェラだけは食べることができる。

しかし、インジェラを食べた旅行者からの評価は散々らしい。「見た目が雑巾」と揶揄《やゆ》され、インターネットで「インジェラ」と検索ワードを入力すると「インジェラ　まずい」と予測変換が出てくる国民食なのである。

テフという穀物を水で溶いて発酵させ、薄いクレープ状に焼いてインジェラは作られる。グレーの生地にはいくつもの気泡ができ、ツンとした酸っぱいにおいが鼻腔《びこう》を刺激した。ワットというエチオピア風シチューや、焼いた肉などがインジェラの上に載せられ、それらと一緒に食べる。

インジェラを口にすると酸味が口内に広がるが、噛みしめていくと穀物の甘さがじわじわ出てくるのを感じる。しっとりとした蒸しパンのような食感だ。ピリッと辛いワットをつけて食べることで酸味の強さは中和され、辛さと酸味がほどよく合わさる。酸味の強い食べ物だが、頭に思い浮かべても唾液の分泌が促される条件反射は起こらない。

カナダのトロントで働いていたとき、職場にはエチ

初めて食べたインジェラ。上にかかっているのはワットというエチオピア風シチューだ。

オピア人が多く、昼食時に「一緒に食べない？」とインジェラを勧められたことがあった。たまに味噌汁を啜り、日本の味を思い出すのと同じように、彼らも遠い故郷の味を思い出していたのだなと、かつての同僚の姿を思い浮かべた。

「ペプシはどう？」と勧められたので、値段を聞くと11ブル（65円）だった。食堂の女性は陳列されたビールを指差し、「ビールは13ブルよ」と言った。

うーむ。ペプシにわずか2ブルを足すだけでビールが飲めてしまうのか……。しかし、イスラム圏で2か月もアルコールを断っていたからか、どうやら私の思考もイスラム化しているようで、「真っ昼間からビールなんて、不真面目でけしからん」と、まるで聖人君子のようになっていた。なによりまだ歩行中であり、午後も歩かないといけないのだ。

「ダメだ、ダメだ」と首を横に振って邪念を振り払うが、「うだるような暑さの中、ビールを飲めば絶対にうまいぞ」と悪魔の囁《ささや》きが聞こえてきた。そう言われてみれば、たしかに渇いた身体に潤いを入れる必要もあるかもしれない。それにわずか80円弱で飲めてしま

インジェラを食べた食堂で、後ろを振り返ると多くの子どもが珍しそうにこちらを見ていた。

うのだ。ジョッキの中で泡を弾かせるビールを思い描けば、簡単に意思は揺らぎ、誘惑に抗うことができなかった。

運ばれてきたビールをぐびぐび飲む。この苦みとコクがたまらない。酸味のあるインジェラと辛いワットは、キンキンに冷えたビールによく合う。この日以降、昼であろうとインジェラを肴《さかな》にビールを飲む日々が始まった。

ふと後ろを振り向くと、20人くらいの子どもが食堂の入り口に立って、じっとこちらを見つめていた。「こんにちは」と挨拶しても返事はなく、顔を見合わせて笑い、恥ずかしそうにはにかむだけだ。

昼食後、歩行を再開すれば、ぞろぞろと子どもたちが後をつけてきた。娯楽がない集落で暮らす子どもたちにとって、突如現れた日本人は興味の対象であり、恰好《かっこう》の暇つぶしなのだろう。

一定の間隔を保ちながら、ひたすら追いかけてくるくせに、私が足を止めて振り返ると、なにかされるんじゃないかと背を向けて走り出す。そんな姿を見て笑っていたら、彼らも笑いながら戻ってきて、再び後ろをついてくる。

さすがに大人は追いかけてこないものの、無遠慮な視線でじっとこちらを見つめている。前を歩いている人が私に気づけば、何度もこちらを振り返り、非常に鬱陶《うっとう》しい。この国には遠慮という言葉は存在しないのだろう。

木陰で休んでいると大人がやってきた。またひとり、さらにもうひとりとやってきて、いつの間にか無数の大人たちに囲まれ、休憩だというのにまったく落ち着かない。

ようやく人が来ない場所を見つけ、地面に腰を下ろすと身体にチクチクと痛みを感じた。「うわっ！」今度はアリが足や腕にまとわりついているではないか。地団駄を踏み、手足を這うアリを払い落とせば、どっと疲れが押し寄せてきた。この国は人間のみならず、アリまでもがゆっくり休ませてくれないのか……。

エチオピアは国土の大部分が高地だ。国境の標高は1000メートルだが、首都アディスアベバは標高2400メートルである。単純に1400メートル上ればいいわけではなく、500メートル上り、500メートル下って、再び300メートル上り……と、何度もアップダウンを繰り返す。

汗を流しながら、コツコツと貯めてきた高度を一気に下げるときの憂鬱《ゆううつ》な気持ちは、歩いていないとわからないだろう。しかし、上り終えた後、眼下に広がる景色は格別だ。瑞々しい緑の中に集落や畑が点在している。熱を帯びた身体に高原のさわやかな風が吹きつけ、最高に気持ちよい。

ほんの少し前まで灼熱の砂漠にいたが、このふたつの世界が陸続きでつながっていることが不思議に思えた。


エジプトでも子どもたちに囲まれたが、「ハローマイフレンド」「ワッツユアネーム」など、知っている英語を使いたいだけの子どもだった。しかし、エチオピアの子どもは、「ユーユー」と息が続く限りひたすら連呼してくる。未就学児に「おい、お前」と言われている気がして、「クソガキめ……」という気分になる。

ひとりの子どもがマシンガンの如く「ユーユー」と呼びかければ、周りの子どもも呼応するかのように「ユーユー」と叫ぶ。あちこちから「ユーユー」。どこもかしこも「ユーユー」の大合唱。しかも、子どもたちの声は甲高いため「キンキン」と耳に突き刺さり、たまったものじゃない。黒板に爪を立てる音のような不快音である。これが連日何度も続けば、両手で耳を塞ぎ「うわぁ！」と叫びたくなる。

彼らのパワーに圧倒され、好奇心に満ちたギラギラした視線を浴び続ければ、身体のみならず心まで疲れ果ててしまう。「ついてきてはダメだ」と言っても、効果はまったくなく、ストーカーのように延々と後ろをついてくる。日を追うごとに精神が蝕《むしば》まれ、気持ちの余裕を失っていった。

イライラが絶頂に達したときは「お前ら、いい加減にしろ。ついてくるな！」と強い口調で言い、「あっちへ行け」と手で追い払う動作を見せる。こんな態度をとれば、「子ども相手に大人気ない」と自己嫌悪に陥ってしまうが、これればかりはどうしようもない。

しかし、追い払っても追い払っても、すぐにまた子どもたちが現れて後をつけてくる。まるでウンコに群がるハエである。そのたとえだと私がウンコになってしまうが、この際そんなことはどうでもいい。「ユーユー」攻撃のみならず「マネー」としつこく手を差し出されることもある。外国人に手を出せばお金がもらえると思っているのだ。

黄金色に輝く麦畑から大きく手を振って、「ハロー」と満面の笑みで叫ぶ女の子の姿があった。私も同じように手を振り「ハロー」と微笑む。駆け足でやってきた女の子は目の前に来るや否や「マネー」と手を差し出すのである。「またか……」と、失望や憤懣《ふんまん》が心の中で渦巻き、潮が引くかのようにすーっと表情から感情が消えていく。

もちろん貧しい子どももいる。汚れたシャツ、穴のあいたズボンを指差し「貧乏なんだよ、なにかくれよ」と、貧しさを訴えてくる子どもに対し、どうすることもできないやるせなさが心の奥底に蓄積されていく。

ポケットの中の1ブル札をあげれば済む話かもしれないが、ひとりにあげれば皆にあげないといけないのでキリがない。お菓子をあげることは何度かあったが、

道を歩くと、子どもたちがあとをついてくる。

お金をあげるのが正しいことなのかわからなかった。

それに、ひとりの物乞いにお金を与えたところでどうなるというのか。貧困問題は一個人の力で解決できる問題ではないのだと建て前を並べ、どうしても躊躇《ちゅうちょ》してしまうのである。

まだ幼いのに水汲みをする子ども、赤ん坊をおんぶして面倒を見る少女、牛の放牧に出かける少年など、現代の日本にはない光景があちこちで見られる。身につけている衣類は雑巾のようにボロボロで、裸足で生活している子どもも少なくない。

エチオピアに生まれた瞬間、彼らの人生は決まってしまい、死ぬまで家畜の放牧を続けていくのだろうか。彼らの人生ってなんなのだろう。彼らがこの貧因から脱するには、運命を変えるには、なにが必要なのだろう。教育が必要なのは確かだが、幼い頃から労働力として見なされている子どもたちが、十分な教育を受けられるとは思えなかった。この国に生まれるということが、ひどく不公平に思えた。

南米には、貧しいスラム出身ながらもサッカーで成功をおさめた選手がいるが、エチオピアなら、それはマラソンになるのかもしれない。起伏が激しい道を歩く人がやたらと多いのだ。はるか下に見える村から峠を越えて黙々と歩き続ければ、心肺機能が鍛えられるはずだし、陸上の長距離種目が強いのも、なるほどと頷ける。

別の村でも子どもたちが興味津々についてくる。

「マネー」と、欲望剥き出しの子どもがたくさんいるエチオピア。大人が手を差し出してくることは少ないが、欲望をうまくコントロールして、牙を剥くタイミングを密かに窺っているのかもしれない。そんなことを考えていたらどんどんと不安が膨らんでいき、どこにテントを張ればよいのかわからなくなった。

エチオピアは人口密度が高い国だ。放牧や農作業に従事する人が広範囲に点在し、確実に人目につかない場所が見つからない。万が一子どもに見つかろうものなら、面倒なことになるのは確実である。

人目につかないというのは野営するうえでの鉄則だ。そんな場所がないときは、逆に人の目が届く場所が安心できるので、エチオピアでは民家の敷地内にテントを張らせてもらうことがたびたびあった。

そんなある晩のことだ。夕食をつくろうと、調理用ストーブを取り出して準備していたら、老婆が「これを食べなさい」とインジェラを持ってきてくれた。食堂で食べるものと違って貧相な具のインジェラだが、彼女の身なりを見る限り余裕のある生活をしておらず、予想外のもてなしに驚くと同時に情けない気分になった。

貧しい老婆に食事を与えられたことがそうさせたのではない。子どもたちが差し出す手を幾度となく拒み続けているというのに、老婆はそんな私に手を差しのべてくれた。貧しい者は狭量であるという凝り固まった考えがぶち壊され、己の小ささを思い知らされたのだ。豊かさとはなんなのだろうと思いながらインジェラを口に運ぶ。少なくともいくらかの金を持っている私より、彼女のほうが豊かな心をもっているのは明らかだった。

また別の日は、テントでくつろいでいると、家主が銀色の器を持ってきた。柵の中にいる牛を指差し「今搾《しぼ》ったばかりなんだ」と言い、搾りたての牛乳をカップに注いでくれた。「殺菌処理されていない牛乳に腹が耐えられるだろうか」と不安を覚えつつ、カップを口に近づける。牛乳が唇に触れた瞬間、優しい温もりを感じた。ついさっきまで牛の体内にあったことを思わせる、生命力を伴った温かさだ。ゆっくりと口にすれば、濃厚な味が口の中に広がっていった。

おばさんが優しく微笑みながら「顔を洗いなさい」と、水の入った洗面器をわたしてくれたこともあった。エチオピアという国に不満を感じることも度々あるが、なんだかんだ現地の人の優しさに触れ、助けられることも多いのだ。

そんな平和な日々に亀裂が入ったのは、食堂で昼食をとっていたときだった。

「コラーッ、なにやってるんだ！」

食堂のおばさんがものすごい剣幕で外へ向かって怒鳴り、リヤカーを動かし始めた。私も慌てて外へ飛び出したが、荷台に積んである荷物など、ぱっと見た感じなにも問題なかった。しかし、何者かが荷物を盗もうとしていたらしい。

その後しばらくして、鼻水をたらした子どもが見覚えのあるものを手にやってきた。誰が盗ったのか定かではないが、バックパックにつけていた出雲大社《いずもたいしゃ》のお守りが引きちぎられていた。縁結びの神様を引きちぎるとは、いい度胸をしているではないか。今後よいご縁があったとしても破談するに違いない。

被害はお守りだけで、しかも手もとに戻ってきた。だが、未遂とはいえ盗難に遭ったという事実は、平和ボケしていた私の目を覚ませてくれるくらいの衝撃があった。隙を見せてはいけないと思っていたのに、その意識が薄れつつあった。

しかし、犯人はエチオピア人だが、それを未然に防いでくれたのもエチオピア人である。それが唯一の救いで、引き続き彼らを信じてみようと思うのだった。

その後、エチオピア帝国時代の首都ゴンダルに到着した。夕食をとるため外へ出ようとしたら、パラパラと雨が降り始めた。アレクサンドリアを出発してから3か月目にして初めての雨だった。

標高2000メートルの町で雨が降れば、肌寒さを感じ上着をもう1枚重ねる。窓から外を眺めると、小走りで駆けていく人、傘を差して歩く人の姿があった。これまで旅をしてきたアフリカにはなかった懐かしい景色だ。

田舎ではインジェラを食べる毎日なので、食の選択肢が豊富な町にいるとき、インジェラだけは避けたい。目についたカフェに入ると、センスのある落ち着いた内装で、着飾った地元民たちでいっぱいだった。ハンバーガーやサンドイッチを食べながら話に興じる姿は、エチオピアの田舎にはない華やかな世界に思えた。

ドアが開いたのでそちらに目をやると、若い物売りの姿があった。ここにいる人たちとは対照的な貧しい身なりの少年だ。

「買ってくれないか」と声をかけながら店内を回っていたが、皆一瞥しただけですぐにスマートフォンを触り、コーヒーカップを手にし、どこか冷たい態度で違和感を覚えた。

小綺麗《こぎれい》なカフェで美味しいコーヒーを飲む豊かなエチオピア人と、これまで接してきた貧しい人たちはなにが違うのだろう。なにが彼らを隔て、分けるのだろう。田舎では口にできない料理はたしかに美味しかったが、陰鬱な思いで心を重くさせながらカフェを後にした。

その翌日のことだ。町を歩いているとボロボロの服を着た物乞いの子どもが視界に入った。道行く人に手を差し出すが、人々は彼を避けるように通り過ぎていく。かわいそうだと思うけど、私にはどうすることもできない。

視線をそらそうとしたときだった。若い男が子どもの前で立ち止まり、優しくなにかを語りかけた。微笑み、そっと頭をなでた後、1ブルを手わたした。周囲の景色がぼんやりと霞《かす》み、彼らの姿だけがくっきりと鮮明に浮かび上がった。私は足を止め、呆然とそのようすを眺めていた。胸を打たれるものであると同時に、頬を張られたかのような衝撃があった。

「一個人の力では貧因問題は解決できない」と建て前を並べるだけでなにもしてこなかったけど、それは単

ゴンダルのファジル・ゲビという丘にあるファシリデス帝の宮殿。世界遺産に登録されている。

にお金を与えない理由をつくっているだけなのだと気づいた。

たとえ、わずか1ブルであっても、この子はその瞬間、少しでも救われるかもしれない。気まぐれでも、気が向いたときでもいい。ひとりひとりが目の前の困っている人を助けることで、それがどんどんと連鎖していけば、少しずつではあるが貧困は解消されていくのではないか。

彼らが去った後も私はその場から動くことができず、いろいろな思いが頭の中をグルグルと回っていた。

◎12◎ ノーインジェラデー

放牧地や家々の前を通過しようとするたびに、獲物に狙いを定めたライオンの如く、勢いよく駆けてくる子どもたちの姿が見えた。「またかよ」と大きな溜息をつき「来るんじゃないよ」とぼやく。まるでロールプレイングゲームのモンスターのように、次から次へと子どもたちが現れ、私の前に立ちはだかる。

小学生の頃、同級生とドラえもんのひみつ道具でなにがほしいかを語り合ったことがある。どこへでも行けるどこでもドア、空を飛べるタケコプター、あらゆる言語を自国語として認識できるほんやくコンニャクなど、旅で活用できる道具も多いが、今最もほしいのは、道端に転がる石のように誰からも認識されなくなる石ころぼうしである。子どもたちに気づかれることなく、干渉されることなく静かに歩きたい。

日本では少子化による人口減少が社会問題になっているが、世界的に見れば人口は増加している。国連が発表した世界人口推計によると、アフリカの人口は2050年には倍増して25億人になり、世界全体の4

ゴンダルにあるデブレ・ベラハン・セラシエ教会の祭壇。

分の1を占めるまでになるらしい。

増加人口の多い十指の国のなかにエチオピアがある。その数字を裏づけるかのように、エチオピアはとにかく子どもの数が多い。

「ユーユー」「マネーマネー」と連日声をかけられ、ひたすら後ろをついてこられ、荷台を触られ、モノが盗まれ、ゴミを投げられ、イライラが絶頂に達して「さっさと家に帰れ！」と怒鳴る。ようやく家へ戻ったかと思えば「ファックユー」と中指を立てられ、石が投げられるエチオピアでの日々。

怒鳴ったり、手で追い払う仕草を見せたりした日の夜は、「子ども相手に大人気ない」とテントの中で反省し、自己嫌悪に陥る。もしかしたら「ついてくるな」と子どもたちに反応することは逆効果なのかもしれない。子どもたちは、こちらの態度を見て楽しんでいるフシがある。

「愛の反対は憎しみではなく無関心」というマザー・テレサの言葉を引き合いに出すなら、無視することは憎しみの先にある無関心に近い行為なのだろう。しかし、ストレスなく歩くため、遠くから子どもたちの声が聞こえても、手も振らず、目も合わさず、無視することに決めた。「マネー」と言われても「ノー」と答えることはしないし、首を横に振ることもない。

四方八方から飛んでくる子どもたちの声に対し、徹底して無視を貫いてみたが、後方から無数の石が飛んできてプッツン。「このクソガキめ！」欲望を剝き出しにして本能で迫ってくる彼らに対し、声を荒げることを大人気ないと思っていたが、こちらも「怒り」という感情で対応してもいいのではないかと思い始めた。

通りかかった小さな村の食堂で朝食をとろうとしたら、すぐに地元民に周りを囲まれた。荷物が心配なので中でゆっくり食事をとれず、リヤカーの横に腰を下ろしてコーヒーを啜った。

そんな私を中心に、半円を描くように男たちがずらりと並んだ。まさに黒山の人だかりである。彼らはナタラというエチオピア正教の白い布や、さまざまな柄の布を身に纏い、1メートル以上もありそうな木の棒を持っている。「ハロー」と挨拶するでもなく、なにか声をかけるでもない。無言でこちらをじっと眺め、一挙手一投足を見逃すまいと食い入るように見つめている。

「なんなんだ、お前ら。これから手品を披露するわけでもないし、実演販売もしないんだよ。俺はただ朝飯を食っているだけなんだ！」

上野動物園のパンダになった気分である。もしかしたら、動物園の動物たちもわれわれ人間に対し、「なんやねん、お前ら。鬱陶しいわ」と思っているのかもしれない。それにしても、歩いても足を休めても、落ち着ける場所がまったくない国だ。

とんでもない人数だったのでカメラを取り出してパノラマ撮影してみるが、とても入り切らない。一体何人いるのだろう？　こちらをじっと見つめる顔を数えていくと、その数なんと１１０人。「１１０人もいるよ」周りを囲む皆に伝えると、「どっ」と笑いが起こった。私も同じように笑えば、彼らとのあいだに気持ちが通い合った気がした。能面のように無表情だと思っていたけど、ちゃんと笑えるじゃないか。人間らしくていいなと思う。

ゴンダルから３日半歩き、バハルダールに着いた。青ナイル川の源流であるタナ湖の南岸に位置する町だ。

数日前、はるか前方に大きな海のようなものが見えた。「海だ」と一瞬思ったが、内陸国エチオピアに海があるはずはない。地図を広げてみて、それがタナ湖であることがわかった。ずいぶんでかいなと思ったが、それもそのはずで、琵琶湖の４・５倍もの面積があるエチオピア最大の湖である。

田舎を歩いて目にするのはバスや大型トラックばかりで、自家用車を見かけることはない。スーダンではピックアップトラックが農作業に使われていたが、エチオピアでは馬車やロバ車が荷物を運ぶ。そういうこともあり、乗用車が街を走る景色が新鮮なものに映った。ボロボロの服を着て、裸足で生活している人の姿もなく、道行く人はきれいな服を身に纏っている。色褪《あ》せたシャツを着た自分の姿が浮いている気がしてならない。

ホテルに入ろうとしたら、その手前から後をつけてきた男も一緒に入ろうとした。エチオピアでよくあることだが、一緒にホテルに入り「俺がこのホテルを紹介した」と一方的に主張して、紹介料を取ろうとするのだ。よくそんな悪知恵がはたらくものだと感心してしまう。

普通、客引きはホテルと提携し、客を案内することで報酬を受け取る。しかし、なぜかエチオピアではホテルではなく、宿泊客が金を求められる。つまり、私が知らぬところで宿泊料に紹介料が上乗せされるのだ。

そういうことがあると知っていたので、男に対し毅《き》然《ぜん》とした態度で「ついてくるな」と拒否するが、男は強気で一向に引かない。「ついてくるな」「嫌だ」「だから、ついてくるなって」「嫌だ」子ども相手に連日繰り広げている光景だが、大人に「ついてくるな」と言うのは初めてのことだった。まさにストーカー事案である。

それにしても、エチオピアの子どもがそのまま大人になったような男だ。見た目は大人、中身は子ども。名探偵コナンとは真逆である。

このやり取りを見ていたおじさんがあいだに入ってくれ、男は渋々諦めたが、まったく気を抜けない国だ。

村の食堂で朝食をとっていたら110人もの人たちに囲まれた。

バハルダールではゆっくりと5泊した。これだけ留まることになった理由のひとつは、食の選択肢の豊富さだろう。

特筆すべきはジュースである。エチオピアはフルーツが豊富に採れることもあり、フルーツを贅沢《ぜいたく》に使ったジュース屋が多く、ジョッキ1杯15ブル（90円）前後で飲むことができる。

マンゴーやパパイヤ、グアバなど、各種フルーツが揃《そろ》っているが、一番のお気に入りはアボカドだ。アボカドをそのままミキサーにかけただけなので、クリームのような滑らかな舌触りで、ジュースというよりはスムージーだ。ストローで飲むのではなくスプーンで食べる。青臭さを感じることはなく、上品なまろやかさと強い甘みが口の中に溢れ、アボカド中毒に陥ってしまった。

エチオピアではジュースが美味い。一番のお気に入りはスムージーのようなアボカドのジュース。

しかし、いくら食の選択肢が多くても、ハンバーガーにサンドイッチ、ピザを食べ続ければ、さすがに飽きてくる。インジェラという選択肢もあるが、田舎を歩けば毎日食べることになるので、やはり避けておきたかった。インジェラは決して嫌いではないが、毎日食べるとなると食傷気味になってしまう。2日に1度なんて贅沢は言わないが、せめて週に2日くらいはノーインジェラデーがほしいところだ。

先日訪れたテダという村は、人の往来が激しく食堂の数も多いので、インジェラから逃れられる予感があった。しかし、共通の言語がないので意思疎通は容易でなく、さらに田舎である。インジェラ以外に食べられそうなものはパスタくらいしか思い浮かばない。

田舎の食堂にあるのは基本的にインジェラだけだが、5年間イタリアに占領された歴史があるからか、田舎にもパスタが浸透し、食べられることがたまにある。アルデンテとはほど遠いぶにょぶにょの麺だが、贅沢を言うつもりはない。味に変化が欲しかった。

食堂が現れるたびに「パスタはありますか?」と尋ねてみる。「ない」「あるけど30分かかる」「ない」と繰り返し、4軒目にしてようやく「ある」という返事に辿り着いた。

久々にあの酸っぱいインジェラを食べなくて済む。先に運ばれてきたビールで喉を潤し、インジェラからの解放に自然と頬は緩んでいた。しかし運ばれてきたものを見た瞬間、緩んでいたはずの頬は強張《こわば》り、全身凍りついた。

たしかに、運ばれてきた料理はパスタに違いないが、インジェラの上に盛られているのだ。エチオピア人からすれば、パスタもインジェラに載せるおかずのひとつらしい。

騙し討ちにあった気分である。やむをえずインジェラでパスタを包み、口に入れれば、いつもと変わらぬ、エチオピアの定番であり、お馴染みの酸味がじわじわと広がった。

希望通りパスタは食べられたものの、インジェラからは逃れられなかったわけで、目の前のパスタに対し筆舌に尽くしがたい敗北感に苛《さいな》まれる。

普通に皿に盛ってくれたらいいのに。エチオピア人よ、どうしてこうなるのだ……。ゆっくりとビールの酔いが回り始め、ふつふつと笑いが込み上げてきた。そんな日本人を、遠くからエチオピア人は不思議そうに眺めていたけど、彼らにはこの気持ちが理解できないだろうな。

◈13◈ 事件

アディスアレムという村に着いたのは、夕暮れの気配が漂い始めたときだった。巣から飛び立つスズメバチの群れのように、学校を終え、次々に飛び出してきた子どもたちが、「ターゲット発見」と言わんばかりにこちらへ向かってきた。

「うわっ、まずいな。大量に来やがった……」安全に夜を過ごすため、この村でテントを張るつもりだったが、最悪のタイミングである。後をつけてきた子どもたちは、私が足を止めれば同じように足を止め、こちらのようすをじっと窺う。

民家でテント設営のお願いをしたが、薄ら笑いを浮かべた女は「いくら払う?」と手を差し出してきた。基本的に現地の人の善意に助けられ、民家の敷地内にテントを張らせてもらっているが、たまにこういう人もいる。テントを張るだけのためにお金を払うつもりはないので、すぐに立ち去った。

村の外れに木材の加工場があり、隣接する林の中でのキャンプを快諾してくれた。「アマサグナロー(ありがとう)」とお礼を伝え、さっそく林へ向かうと、まるでカルガモの親子のように子どもたちが私の後を続々と追いかけてくる。

「おい、お前らの家、こっちじゃないだろ……」

テントを設営するようすを30人以上の子どもたちが物珍しそうに見つめていた。自分と異なる肌の色をもつ日本人と初めて目にするテント。彼らの目にはどう映っているのだろう。

地面にペグを打ち、最後の荷物をテントに入れて、設営は完了した。

「もう終わったから家に帰りな」子どもたちに帰宅するよう促すが、素直に従う気配はない。

「一日中歩いて疲れてるんだよ。もうテントに入って寝るから」ジェスチャーを交えて子どもたちに伝え、テントの中に入って入り口を閉ざした。ストーブを取り出して、夕食の準備をする。

毎日テントで眠り、自分で食事をつくり、切り詰めて生活しているつもりだが、エチオピアの人たちから見れば、たとえ徒歩で旅していようとも金持ちの道楽に思われるのは確かだ。カメラやパソコン、テントに調理道具など、私たちにとって珍しくないものでも、現地の人から見たら高級品、彼らが持たざる物である。

初めてエチオピアの民家でテントを張らせてもらったとき、なにも考えず、いつもと同じように調理用ストーブに火をつけて湯を沸かした。「ゴウゴウ」と音を立てながら燃え立つ炎を見て、家主のおじさんは驚きのあまり目を丸くしていた。そんな姿を見て「しまった」と思い、軽率な行動をとったことを悔やんだ。彼らの前でストーブなど出すべきではなかった。

「私たちは炭を使って調理するから時間がかかるし、すごく不便な生活だよ」と彼は訴えてきた。「それはいくらするんだ？」

　エチオピアでは手に入らないアウトドアストーブの値段を尋ねられた。エチオピアの農村部は貧しく、１か月１万円以下で生活する家庭が大部分である。それをはるかに上回る値段であると正直に答えることはできず、「アディスアベバへ行けば安く買えるよ」と的外れの答えで返事を濁しておいた。それ以来、地元民に見える場所でストーブは使わず、テント内で夕食をつくるようになった。


　ストーブに火を点け、湯を沸かし始めるが、依然として外はざわつき、周囲を動き回る子どもたちの影がテント越しに見えた。子どもたちがテントを触るたびに微《かす》かに揺れ、笑い声が響く。

　歩行を終えた後ですら、ゆっくりさせてくれないのか……。

　外へ出て刺激するのは逆効果だと考え、子どもたちが飽きて家に帰るのをひたすら待つが、どうやら度胸試しが始まったらしい。次第にテントの揺れが大きくなっていく。テントの中でじっと息を潜めるが、笑い

アディスアレムという村でも、テントを張っていると大勢の子どもたちに囲まれた。
この後、「事件」は起こった。

声と度胸試しが収まることはなかった。無視するのが一番と思っていたが、「ガサッ」とさらに大きくテントが揺れたとき、「もう我慢ならん」と癇癪玉《かんしゃくだま》が破裂した。

「さっさと家に帰りやがれ！」

勢いよくテントの外へ出ると、子どもたちは蜘蛛《くも》の子を散らすかのように逃げていったが、数人の子どもが足を止めて石を投げてきた。投げられた石は届かなかったり、あさっての方向へ飛んでいったりしたが、下手な鉄砲も数撃ちゃ当たるのである。「バンッ」そのうちのひとつがテントの側面を突き破った。5年間も大切に使い続けてきたテントである。無残に傷つけられたテントを見た瞬間、湯沸かし器の如く一瞬で激《げっ》昂《こう》。憤怒《ふんぬ》の炎が全身に広がり、爆発したように叫んだ。

「おいコラ、いい加減にしろよ、このクソガキ！」足元にあった木をブンブンと振り回した。そんなことをしてどんな効果があるのか皆目見当がつかないが、湧き上がる怒りはどんどんと膨らんでいき、感情を制御することができなかった。

子どもたちが必死に逃げる姿を見て、ふたりのおじさんがやってきた。家に帰るように諭し、子どもたちはそれに従ったが、私の怒りは鎮まらない。

「おっさん、やってくるのが遅すぎる！　なぜもっと早く来なかったのだ！」

裸足でテントの外へ飛び出したので、周囲に散らばっていた牛糞を踏みつけていた。ぬるっとした嫌な感触を足裏に感じた。「あぁ、最悪だ。クソッタレ！」なにもかもがうまくいかない。ラーメンをつくろうと用意していたぬるま湯で足を洗った。

おじさんたちは寝場所を提供すると申し出てくれたが、私は警察へ行くことを主張した。時間を置いて冷静になろうと思っても、怒りが鎮まることはない。こ

テントを破損させた子どもが通う学校。
ここでも大勢の子どもが集まってきた。

子どもの投石によってテントに穴があいた。

れまで、「ユーユー」「マネーマネー」と言われても、それに耐えてきたし、子どもたちも一線を越えてくることはなかった……と言いたいところだが、あいつらは気に入らないことがあれば、すぐに石を投げてきた。そして今回、テントが破損するという事態になり、さすがにもう許すことができなかった。

学校に乗り込んだところで、適当に謝られて有耶無耶《うやむや》になるだけだろう。テントの破損部分に補修用テープを貼って最低限の応急処置を施すことはできる。しかし、このままなにもなかったことにして、この村を去ることはできなかった。エチオピアで蓄積された怒りと鬱憤《うっぷん》、理不尽が爆発しつつあった。

村へ戻り、「警察署はどこですか」と聞けば、簡素な駐在所に辿り着いた。銃を肩にかけた警官がひとりいるだけだ。小さな電球が照らすおぼろげな明かりの下で事情を説明した。明朝学校へ出向くということになり、民家の敷地にテントを張らせてくれるよう計らってくれた。

翌朝、警官と一緒に学校へ向かった。青く塗られた平屋の建物が5つあり、アフリカの地図が壁に描かれている。

突然やってきた日本人に興味津々の子どもたちが周りを囲んだが、木の棒を持った先生が子どもたちを追い払うと、四方八方へ逃げていった。校長と思しき年配の先生に昨日撮った子どもたちの写真を見せると、彼らの授業は午後からだと言う。アフリカの学校は午前と午後の二部制ということが多いのだ。

午後、再び学校へ行くと、情報収集をするとのことで写真に写っている子どもたちを集め、聞き込みを始めた。

しばらくしてから警官がふたりの少年を連れてきた。

「石を投げたのは彼らだ」

一瞬のできごとだったし、私は頭に血を上らせて興奮していた。30人もいた子どもたちの顔を見分けるのは難しく、彼らが犯人であるという確信はもてなかった。

「君たちが石を投げたの?」

「投げていない」彼らは私の目をまっすぐ見つめ、きっぱりと言った。

次の朝、食堂で朝食をとりテントへ戻ると、眼鏡をかけた痩身の警官が私の帰りを待っていた。村に駐在する警官ではなく、近郊のティリリという町から来た警官だ。破損したテントを見て、被害状況を確認し、私の供述をメモ帳に書き留めた。どうやら警察署に行く必要があるらしく、「ティリリの警察署に行くぞ」と彼は言った。

「パトカーはどこにあるの？」

「そんなものはない。ミニバスで行く」

エチオピアで自家用車を所有している人は少ないが、警察までもが車を持っていないのには驚いた。ミニバスで犯人を追いかけるわけにはいかないし、緊急時はどうするのだろう。

長い坂を下った先にティリリはあった。警察署は小さなコンクリートの建物がいくつかある簡素なものだ。捕えられた少年はひとり増え、3人になっていた。石を投げたのは新たに捕まった少年で、昨日のふたりは間違いだったらしい。

「えっ誤認逮捕……」

それを聞いた私は言葉を失った。冤罪《えんざい》ではないか。エチオピア警察はなにをやっているんだ。ふたりの少年も被害者である。「投げていない」ときっぱり言った彼らの顔を思い出せば、胸が締めつけられる思いがあった。

少年たちは留置所に収監されており、ほかにも10人ほどの男がいた。個室もベッドもなく、木で周りを囲まれた檻《おり》のような場所だ。入り口に警備がひとり常駐しているが、収監された男はそこから出て、ひとりで敷地内にあるトイレへ行くことができる。容易に脱走できそうな環境である。警察は車を持っていないし、ここから逃げ出せば簡単に高飛びできるだろう。

警察が収監者に食事を提供することはないらしい。たまに家族がやってきて、食事を差し入れていた。差し入れはやはりインジェラだ。収監された男の口に入る前に警察が毒味をする。日本の刑事ドラマだと、取り調べの際に「カツ丼でも食うか？」と刑事が被疑者に対して温情を見せるのが定番だが、エチオピアならインジェラになるのだろうか。……などと、くだらないことを考えていたら、年配の警官が現れた。

階級を示す腕章を見るに、それなりの立場の人だとわかったが、どうやら彼が署長らしい。

「誤認逮捕されたふたりが石を投げていないのなら、早く家に帰らせてあげてくれ」と彼に伝えた。事件についての子細を聞いた署長は「なぜそんなことをやったんだ」と真犯人の少年に平手打ちを食らわせ「バシッ」いう音が響いた。誤認逮捕に犯人への暴力、日本では考えられないことが次々に起こる。

「この子どもの父親は亡くなっていて、母親が女手ひとつで子どもたちを養っている。彼らはとても貧しく、テントを修理することはできないだろう」

破損したテントへの補償について聞いてみると、署長は神妙な面持ちで静かに語った。

この国の貧しさは、歩きながら見てきたのでよく知っているし、彼らに支払い能力がないことはわかっていた。家畜を売って金をつくれと言うつもりもない。大事なのは反省の気持ちだと思っていたが、犯人の少年はヘラヘラと薄ら笑いを浮かべているだけで、謝罪の言葉を一切口にすることはなかった。

彼の投石によって大切なテントに穴があき、数日間の足止めを食らい、私が迷惑していることなど微塵《みじん》も考えていないようだった。そんな姿が癪《しゃく》に障る。

「それは困る。大切なテントだし、彼からはひとことも謝罪を受けていない」

「君は外国人でお金持ちだから問題ないだろう。彼の家族はとても貧しい」

別の警官はそう言い、少年の貧しさを強調し続けた。人は誰しも過ちを犯すものだが、この国では貧しいことが免罪符になるのだろうか。仮に石が人に当たっても、被害者が外国人である限り「貧しい」という言葉で片づけるのだろうか。

私の不満は少年に誠意と反省が見られないことであり、論点がまったくかみ合っていなかった。何度も同じことを繰り返す警察の言葉は到底理解できるものではなかったが、話し合いの余地はなかったし、少年が自発的に謝罪する気配もなかった。

無理矢理謝らせたとしても、私の心にはなにも響かないし、そんなことは望んでいない。これ以上ここにとどまってムダな時間を過ごしたくはなかった。

エチオピアの子どもたちに悩まされることはこれまで何度もあった。木の棒で威嚇され、荷物を盗まれ、金銭を求められ、気に入らないことがあれば石を投げつけてくる。

一体、なにが子どもたちをこうした行動に駆り立てるのだろう。彼らの心の奥には得体の知れないなにかが蠢《うごめ》いているのだろうか。

非黒人に対する嫌悪や蔑視なのか。それともリヤカーを引く姿が嘲謔《ちょうぎゃく》の対象になったのか。

逃げ場のないもやもやと、鬱々した気分を胸の中に抱えたまま、私は小さな村を後にした。

14 真夏のクリスマス

エチオピアの安宿は南京虫《なんきんむし》の巣窟《そうくつ》として知られ、多くの旅行者が被害に遭っている。エチオピアから北上してきた旅行者と会うたびに「南京虫は大丈夫だった?」と聞いていたくらいだ。ある旅行者は、腕と足に南京虫に刺された無数の赤い痕があり、あまりの悲惨さに思わず目を背けた。

安宿の代表格がブンナベッドだ。現地語でブンナはコーヒーを意味する。つまりは宿を兼ねたコーヒー屋なのだが、そこへ行ってもコーヒーはなく、お酒と女があるだけの連れ込み宿である。

「今夜、泊まりたいんだけど」

スピーカーから大音量のエチオピア歌謡曲が流れているので、カウンターにいるちょび髭の主人に顔を近づけて大声で伝える。

「ついてこい」と主人は手招きし、バーの奥へ案内されると、そこにはいくつかの部屋が並んでいた。

「むむ、ここで眠るのか……」

牛を引く人やマーケットに向かう人々などが行き交い、道はけっこう賑やかだ。

起伏の多い郊外の道を歩く。

これまで世界各地の安宿に泊まってきたが、エチオピアのブンナベッドはなかなか強烈だ。ギーギーと扉を軋《きし》ませながら開ければ、ベッドがひとつ置かれただけの小さな部屋があった。窓はなく、小さな電球が灯す部屋は埃っぽいからか、くすんで見えた。まるで独房のようだ。

　幾人ものよだれと寝汗が染み込み、使い古された枕はぺしゃんこで、長らく換えられていないであろうシーツは色褪せている。衛生状態がよろしくないのは一目瞭然。南京虫もウジャウジャいそうだが、ほかに選択肢がないのでここに泊まることにする。

　一応、共同のトイレとシャワーはあり、ベッドの下に洗面器が置かれていた。エチオピアの安宿には洗面器が常備されているが、これを使って水浴びしろということなのだろう。と思ったら「それはトイレだよ」と主人は言った。

　非常時はここで用を足せとのことだ。おっと危ない。この洗面器で水浴びするところだった……。洗面器に目をやれば、素手で思い切り掴《つか》んでいる右手が目に入った。その瞬間「うわっ、汚ねえ」と洗面器を放り投げた。

　夜行性の南京虫は明かりを嫌うので、小さな電球を灯したまま眠りに就く。しかし、バーからは夜通し大音量の音楽が響き、なかなか眠ることができない。睡眠不足のまま朝を迎え、前日の疲労を身体に残した寝ぼけ眼《まなこ》のまま新たな一日が始まる。

　南京虫の餌食になるリスクを背負って安宿に泊まるよりは、自分のテントで寝るほうが絶対に快適だ。もちろん、テント泊は最低限の安全が確保されていることが前提なのだが。

　そんなわけで、町に着いても宿ではなくて警察署を探し、「今夜はここにテントを張らせてください」とお願いすることが何度かあった。日本や欧米の警察署で同様のお願いをしても相手にされないだろうが、アフリカには独特の緩さと懐深さが存在する。

　秩序と治安を維持する警察である。安全面は問題ないだろうと安堵していたら、ある町の警察署は、日没後、皆が帰宅して無人になった。「マジかよ……」ひとり残された警察署で私は呟いた。夜間に事件や事故が起こる可能性もあるし、ひとりくらいは常駐するべきだと思うのだが、これがエチオピアである。

無人になった警察署を訪れる人などいないだろうと思ったが、出入りが制限されているわけではなかった。警察署の敷地内には空手教室があり、老若男女、聖人賢者から凶悪犯罪者に至るまで自由気ままに行き来可能である。警察署とはいえ、ここで寝ても大丈夫なのだろうかと不安を感じたが、50キロを歩き終えた身体はどっしりとした疲労感に侵され、目を閉じればすぐに眠りに落ちた。

しかし深夜、「ザッザッザッ」と足音が聞こえ、テントに人影が映し出された。こんな時間に誰だろう。一瞬で目が冴《さ》え、自衛のため手元に置いている三脚を握り武装した。張り詰めた空気の中、じっと息を潜め、外のようすを窺う。

緊張状態がしばらく続いたが、テントが襲われることはなかった。武装解除して再びうとうとし始めていたとき、今度はなにやら足に動きを感じた。「ついに現れたか」と思い、恐る恐るライトを足に向ければ、やはりそこには小さな虫がいた。

「うわっ、南京虫だ！」

ピョンピョン飛び跳ね、動きが俊敏なので慎重に指でつぶす。数日前から腹回りや足に赤い痕があり、猛烈な痒《かゆ》みに襲われていたのだ。ブンナベットに泊まっているあいだに南京虫が寝袋に巣食っていたらしい。

襲われるかもしれない不安と南京虫のせいで、結局明け方まで眠ることができなかった。ニワトリが雄叫びを始めたばかりの、まだ薄暗い6時前、眠い目をこすりながらテントから顔を出せば、早朝出勤した警官が腕立て伏せをし、空手教室も朝の稽古を始めていた。

4日後、デブレ・マルコスを過ぎると、道路は未舗装路へと変わった。大型車が横を通るたびに土煙が舞い、「ゴホゴホ」と咳《せき》込んだ。

広範囲にわたって道路工事が続き、重機や工事関係の車にはJAPANというステッカーが貼られている。国際協力機構による支援である。工事を終えた区間は、これまで歩いてきた道とは違い、とても歩きやすい。まさかこんな形で日本からの恩恵に与《あずか》るとは思ってもいなかった。

のどかな風景の先に待ち構えていたのはグレートリ

フトヴァレー（大地溝帯）だった。数十万年後という気の遠くなるような話だが、ここを境にアフリカ大陸が分断されるといわれている。

しばらく歩くと眼下を見下ろすことができ、道路がクネクネと谷底まで続いていた。大きな口を開けた龍に呑み込まれていくかのような、迫力ある景色だ。

腕時計の高度表示に目をやるたびに、どんどんと数字を減らしていき、20キロかけて1200メートルを下った。標高2500メートルの谷上は吐息が白くなるくらいに冷え込んだが、谷底まで下れば強い日差しが照りつけ、額に汗が滲む。

谷底には日本が支援して造られた橋が架かっており、ここからは一転して1300メートルの上りとなる。

日本が支援して造られた橋。

グレートリフトヴァレーが現れた。この大きな谷を下って向こう側に登る。

顔を上げれば、道が山肌にへばりついている。はるか上を走るトラックが小さく見えたときは、ほんとうにあそこまで行けるのだろうかと目の前が暗くなり、絶望を感じた。勾配がきついところでは何度も足を止め、額から流れる汗を拭う。ふと腕時計に目をやったとき、12・25と日付が表示されているのに気づき、今日がクリスマスであることを知った。

日本の人々はクリスマスの装飾に心を躍らせ、楽しんでいるに違いないが、私はそんな華やかな響きから遠いところにいた。苦痛に顔を歪め、全身をベタベタとした汗にまみれ、南京虫に刺された痕をボリボリと掻いていた。

クリスマスの風情など微塵も感じられない暑さで、真夏のクリスマスだ。そんな日にこんな激坂を用意してくれるなんて、神様も粋なことをしてくれるではないか。乳酸がたまった足は疲労困憊《こんぱい》で、これ以上歩くことができず、少し上ったところで隠れるようにテントを張った。水が十分になかったので節約し、クリスマスディナーはバナナとビスケットだ。

翌日も自分の呼吸音を聞きながら、一歩一歩ゆっくりと前へ進んでいく。足を止めるたびに呼吸を整えた。息が上がれば仰向けに寝転がり、青空を無心で眺める。滝のように流れる汗で、シャツには大きなシミができていた。風が吹けば体がスッと冷える。

小さな1歩を重ねていけば、歩いた分だけ少しずつ確実に高度は上がっていった。歩いては足を止めるということをひたすら繰り返し、やがて目の前に大パノラマが現れた。

前日から歩いてきた道がうっすらと見える。ポツポツと集落が点在し、山の斜面には段々畑がつくられている。向かいの谷との間にはアフリカの大地を切り裂くように大きな亀裂がどこまでも続いていた。旧約聖書でモーゼが割った海を彷彿とさせる、まさに地球の割れ目だ。

こんな絶景と頻繁に出会えるわけではないし、身体の芯まで熱くなる瞬間が毎日訪れるわけでもない。一歩一歩を積み重ねる日々は実に単調で地味な行為だが、その先にこんな景色が待っているのだからたまらない。

向かいの谷からこちら側を眺めたときは、ほんとうに辿り着けるのだろうかと自分でも半信半疑だった。

汗を流し、自分の足だけで上り切ったことに対するご褒美、1日遅れのクリスマスプレゼントは、グレートリフトヴァレーを越えた小さな達成感と、目の前に広がる絶景だった。

◎15◎ コーヒーセレモニー

州境の峠の最高地点に達したとき、眼下に広がるアディスアベバの街が見わたせた。「ふう、やっと着いたか」ここからはひたすら下りが続き、2時間歩いて安宿が集まるピアッサという地区へ辿り着いた。

さすがは首都である。皆きれいな服を着ているし、道路のど真ん中を堂々と歩く牛もいない。なにより無遠慮に突き刺す視線を感じなくなった。田舎では教科書やノートを手で持って登下校する学生が多かったが、アディスアベバの学生はリュックを背負っている。外国人を見たからといってバカ騒ぎをすることも、追いかけてくることもない。

アディスアベバでの重要任務は、ケニアのビザの取得だが、大使館が休みになる元日を挟むため、時間がかかり、7日間も滞在することになった。ここで新年を迎えたものの、エチオピア暦の新年は9月だからなのか、華やかさや独特の雰囲気はまるでなく、いつもと変わらぬ一日が流れていった。

もうひとつの任務は、マラリアの予防薬の購入である。マラリアはハマダラカによって媒介され、年間2億人が感染して60万人以上が死亡している。最も影響が甚大な地域は、サハラ砂漠以南のアフリカ諸国だ。私の場合、日中は歩き、夜はテントで過ごす毎日なので特に注意が必要だ。

マラリアの予防薬は毎日服用するドキシサイクリン、週に一度服用するメフロキンがある。メフロキンは高確率でマラリアの発症を抑えることができるが、鬱や吐き気など強い副作用を伴うことで知られている。自殺も報告されており、これではマラリアとどちらが危険なのかわからない。そのため、無難にドキシサイクリンを服用することに決めた。

万が一マラリアにかかったとき、医療体制が整った場所にいるとは限らないので、治療薬も用意した。最悪の場合、死に至る病気なので、万全を期すべく慎重に準備を進めていく。

朝のアディスアベバを歩けば、朝靄《あさもや》と排ガスで空気が淀み視界が悪い。見るからに身体に悪影響を与えそうな黒煙をもくもくと排出して走る車とすれ違うたびに、息を止めた。

調理用ストーブの燃料が残りわずかなので、ガソリンを補給するためガソリンスタンドに寄った。しかし、3軒のガソリンスタンドで「フィニッシュ」と言われた。営業時間が終わったわけではなく、ガソリンが尽きたらしい。その言葉に驚き、ここは一体どこなのだろうと考えた。経済制裁を食らう某国でも辺鄙な田舎でもなく、一国の首都だというのにこれでよいのか……。エチオピアはいつも私を驚かせてくれる。


アディスアベバを出た後は再び南下していく。民家に隣接する小屋の中にテントを張らせてもらい、インスタントコーヒーでも飲もうかと調理道具を取り出していたときだった。

「コーヒーを飲まないか?」と家主からお誘いをいただいた。インスタントコーヒーではなく「コーヒーセレモニー」だ。

コーヒーを飲むという行為に精神的な要素や教養などが含まれる、エチオピアの文化的な習慣で、他者への感謝ともてなしの精神を表すものらしい。結婚前の女性が身につけるべき作法のひとつで、茶器が代々受け継がれているなど、まるで日本の茶道のようだ。

家族でコーヒーを飲むときや来客があったときなど、一日に数回行うこともあるという。社交の場に欠かせないものなのかもしれない。

まずは青草を地面に敷き詰め、悪霊を退散させるためのお香を焚《た》く。炭火でコーヒーの生豆を煎れば白い煙が立ち、香ばしい香りがあたりを包み込んだ。満遍なく焙煎《ばいせん》させるため、何度もフライパンを振ってかき混ぜる。「シャカシャカ」と小気味良い音が響き、次第にコーヒー豆の色が変化していく。

その後、木臼と棒でコーヒー豆を粉末にし、素焼きのポットでコーヒーを煮立てる。セレモニーと呼ばれるが、形式ばったものではない。主催者の女性を交え、談笑しながら和気あいあいに進めていく。

コーヒーができ上がると、小さなカップに高い位置から落とすように注がれた。コーヒーは1杯だけで終わらず3杯続く。最初のコーヒーを口にするまでに40分を要し、3杯目のコーヒーを飲む頃はすっかり暗くなっていた。

カフェのコーヒーと比べたら、どうしても風味は劣る。しかし言いようのない温もりを感じるのは、生豆を煎るところから手間と時間をかけて、客人のために心を込めて淹《い》れられたものだからだろう。

さらには、「小屋ではなくて家の前にテントを張ればいいよ」と気遣ってくれた。今夜もひとりテントで

コーヒーセレモニー。まずフライパンでコーヒー豆をしっかりと焙煎する。

家族や近くの家の人々などが、コーヒーが淹れられるのを待っている。

過ごすが、彼らのもてなしで心は温かく、今日もまた素晴らしい出会いに恵まれたなと思うのである。

　エチオピアでは不快なことも多いが、連日のようにテント設営場所を提供してもらい、現地の人に助けられているのは確かである。負の波の後には必ず正の波がやってきて、いつも穏やかな気持ちにさせられる。そんな人たちのおかげで、エチオピアは決して「嫌いだ」と言えない国であり、むしろ「好きな」国なのである。

コーヒーをカップに注ぐ。淹れてくれた人の温もりを感じさせてくれるコーヒーだった。

16 シャシャマネ

アディスアベバの南240キロのところにシャシャマネという町がある。近郊の村にはラスタファリアニズムを信仰し、ジャマイカからアフリカへ戻ってきたラスタマンが暮らしている。ラスタファリアニズムは、ジャマイカで暮らすアフリカ人奴隷の子孫のあいだで1930年代に発生した思想運動で、ボブ・マーリーらの音楽を通じ、世界中に知られるようになった。

シャシャマネ郊外のジャマイカ村の教会でラスタマンに会う。

「自分の身体を傷つけてはいけない」という教えから髪を切ることができずにドレッドヘアとなり、マリファナは精神を穏やかにする神聖なものとされている。菜食メインの食文化など、独自の教えをもつが、根底にあるのはアフリカ回帰主義である。

列強による植民地分割の時代、アフリカで唯一独立を保ち続けたエチオピアを魂の故郷とする考えがあり、エチオピアは「約束の地」とされる。

彼らの村を訪れると、赤黄緑のラスタカラーでペイントされた建物がやたらと目につき、これまで訪れたエチオピアの町や村とは雰囲気が異なる。

ここには、ラスタファリニズムを信仰する人だけが暮らしているわけではない。旅行者相手に小遣い稼ぎをしたい胡散《うさん》臭い自称ガイドがとても多く、次から次へと現れる。

「ガイドするよ」「マリファナはいらないか?」

そんな言葉を無視し村の奥へと歩いていけば、ナイヤビンギ教会があり、年配のラスタマンが教会を案内してくれた。「いつジャマイカからエチオピアへ移住したのですか?」と聞けば、「『移住』ではなく、『戻ってきた』のだよ」という彼の言葉が印象的だった。

エチオピアといえば、1964年の東京オリンピックのマラソンで金メダルをとった「裸足のアベベ」というイメージが強いが、日本との関係は古い。1927年に通商友好条約が締結され、ともに欧米列強からの植民地支配を受けなかった数少ない国でもある。

日本との共通点もいくつかあり、意外にもエチオピアには会釈の習慣がある。挨拶をしたり、目が合ったときにぺこりと頭を下げて返してくれたりする人が多く、親近感を抱いてしまう。

そしてもうひとつ、エチオピアにも生肉を食べる文化がある。生の牛肉をミンチ状にしたクットフォーだ。

寿司や刺身など、生魚を抵抗なく食べる欧米人は多いが、それはあくまで日本の食文化が世界中に広がった結果ではないかと思う。北極圏のイヌイットは、アザラシやクジラなど狩猟で得た生肉を食すが、これまで訪れた国々で生肉を食べる文化があったのはタイだけだった。生肉を食べるのは世界的に見ると、極めて稀な食文化なのだろう。

戦後の日本で三種の神器のひとつに数えられた冷蔵庫だが、エチオピアでは一般家庭に普及はしていない。レストランや肉屋では、吊るした肉の塊を削いで売っている。パック詰めされた肉に慣れた日本の主婦が卒倒してしまうかのような生々しさがあるが、人間が動物の犠牲のうえで生かされていることを強く実感させられる。

エチオピア人は、この生肉をインジェラで巻いて食べるが、私はフライパン持参でクットフォーのレストランへ行き、小さく切られた生肉を持ち帰った。

この日の宿は、レストランから目と鼻の先だった。しかしその帰り、上空から急降下してくる影がほんの一瞬視界に入ったかと思ったら、その直後「ガンッ」と、手にしていたフライパンに強い衝撃を感じた。

突然のできごとに、心臓が止まるかのような心地がして、「うわわっ、なんだっ!」と情けない声を上げた。謎の影が飛び去った方向を見上げると、アフリカハゲコウが円を描くように旋回していた。どうやらこいつが生肉を狙った犯人らしい。

エチオピアでたびたび見かける巨大な鳥だが、まさかこんな形で襲われるとは思ってもいなかった。はるか上空からよく獲物を見つけられるものだと、その捕食能力に感心してしまう。さすがはアフリカ、ほんの一瞬でも隙を見せれば簡単にやられてしまう弱肉強食の世界だ。

しかし、この生肉をお前にやるわけにはいかないのだ。その後はシャツの下に生肉を隠すようにして大事に抱える。今度は私が襲われるのではないかという不安もあったが、注意深く空を見上げながら歩き、無事に宿へ帰還した。

すぐに米を炊き、白米が隠れるくらいに生肉を敷き詰める。日本にも生肉を食す文化があるものの、レバ刺しが禁止され、ユッケにも規制がかかり、手軽に食すことができなくなってしまった。

エチオピアは生肉に関する規制がなく、肉は常温のまま吊るされ、無数のハエがたかっていた。衛生面に関しては懐疑的で、体に悪影響を及ぼすのではという懸念もあるが、艶のある鮮紅色をした牛肉は見るからに美味そうで、よだれが滴《したた》り落ちそうになる。

醤油がほしいところだが、クットフォー用のピリ辛ソースをかけて生肉を口に運んだ。少し歯ごたえがあるが、臭みはなく、肉本来の味がじわじわと広がっていく気がした。

クットフォー。この生肉を
ご飯の上に敷き詰め、
ピリ辛のソースをかけて食した。

噛み砕いた肉が胃袋へ流れ落ちれば、眠っていた細胞が目を覚ます。身体中に力が漲り、血となり肉となっていくのを感じる。食べることは生きることなのだ。

生卵があれば生肉とともにハーモニーを奏で、味はさらに深みをみせるはずだ。市場へ走ろうかと思ったが、さすがにサルモネラ菌が怖いので自重しておいた。

シャシャマネを出てから2日目。私は南西部のアルバミンチを目指していた。カフェで休んでいると、いつものように好奇心溢れる地元民に周りを取り囲まれた。

「これからどこへ行くんだ？」

「アルバミンチだよ」

この村では、テントの周りを200人以上の人たちが囲んだ。

「えっ？　この先はケニアだよ」

「はっ？　そんなわけないだろ……」

彼らの言葉に動揺しつつ、すぐに地図を広げる。やはりこの道は、ケニアとの国境の町モヤレへ至る道だった。シャシャマネからここまで間違えようのない一本道が伸びているだけなので、私としては「そんなはずないだろう」という感じなのだが、どうやら道を間違えていたらしい。

ＧＰＳもなければスマートフォンすら持っていない。それらを一度手にすれば、その利便性にどっぷりと浸かり、手放せなくなる可能性があるが、幸いこれまで持ったことがないので、必要性を感じずに済んでいる。

そんな文明の利器に頼ることなく、私は紙地図を使用して世界を歩いている。たいていの国で手に入り、中国やアメリカなど大国では省や州ごとの詳細な地図も発行されている。しかし、アフリカは自家用車が普及していない国が多いからか、地図の需要は少なく、紙地図を発行していない国もある。

アフリカで地図を手に入れるのは容易ではなく、私はミシュラン社の地図を使っている。アフリカの地図は地域別に北東、北西、南部の３種が発行されており、今回の東アフリカ縦断に関しては北東と南部の２枚あればなんとかなる。都市間の距離や小さな町の名前も載っているので、不便を感じることはあまりない。

「道に迷わないのか」とたまに聞かれるが、大都市を除けば道が複雑に入り組んでいることはなく、基本的には一本道が伸びているだけなので、どんな馬鹿でも迷うことはない……と言いたいところだが、ひとりのバカがここにいた。

距離標識など、この先の目的地を示すものがまったくなかったとはいえ、１日半、70キロ超を歩き続けても道を間違えたことに気づかないとは、自分でも驚くばかりだ。

ここからアルバミンチへ至る道はなく、シャシャマネへ引き返すしかないらしい。１時間に進める距離はわずか５キロ。１日に進める距離が限られているので、ムダ歩き以上に気が滅入《めい》るものはなく、最悪な気分だ。

「はーっ、アホか。なにをやってるんだ……」

がっくりと肩を落とし、悄然《しょうぜん》としていたら、男たちは大きく手を広げ、道行く車を必死に止めようとしていた。胸を打たれる光景だった。道を間違えたバカな日本人を不憫《ふびん》に思ってくれたのだろうか。なんて親切なのだろう。これまでエチオピア人には散々苦労させられたが、当然ながらいい人も多いのだ。やがて1台のミニバスが止まった。

「こいつ道を間違ってしまったんだ。かわいそうな日本人だからシャシャマネまで乗せていってやってくれ」

彼らは料金交渉までしてくれ、文句ひとつ言わず、重い荷物をミニバスに積むのも手伝ってくれた。彼らの優しさが心のやわらかい場所を包み込み、じんわりと温かくなっていく。

道を間違えたことに気づかず、1日半もムダに歩き続けてきたことは不運としか言えないけれど、だからこそ彼らと出会えたのだと前向きに考えようと思った。やっぱり歩き旅っていいものだな。

「君たちのおかげでシャシャマネまで戻ることができそうだよ。ありがとう。ほんとうに会えてよかった」

右手を差し出して握手を求めれば、彼らも同じように右手を差し出して別れの言葉を呟いた。

「ギブミーマネー」

善意でバスを止めてくれたものと思いきや、「バスを止めてやったのだから金をよこせ」と言う。感傷的な気分は一瞬で吹き飛んだ。さすがはエチオピア人、やはり打算的である。さらには彼らが料金交渉してくれたミニバスもぼったくり料金であり、しかもシャシャマネまで行かず手前のアワサ止まりだった。

通常より高い運賃を支払っているので到底納得などできるはずなく、「話が違うだろ！　シャシャマネまで連れていけ！」と猛抗議。手配された別のバスに乗り換え、なんとかシャシャマネへと舞い戻った。

エチオピアでは子どもたちが「ユーユー」と言うのに対し、大人は「ウェア・アー・ユー・ゴーイング?」と行き先を尋ねてくることが多い。その都度、「アルバミンチへ向かっている」と行き先を教えているのに、「そうか。気をつけてな」と言うばかりで、「この道は間違っているよ」と指摘してくれる人がひとりもいないのは、一体どういうことなのだろう。遺憾の意を表明したい。

シャシャマネで仕切り直し、今度は道を間違えることなくアルバミンチへ向けて歩き始めた。

しかし、勾配のきつい坂を歩いているかのように足どりが重く、身体に違和感を覚えた。休養をとったばかりなので疲労が溜まっているとは考えられない。マラリアやそのほかの感染症に罹ったのか、それとも最近飲み始めたマラリア予防薬の副作用だろうか。

最悪、死につながる問題である。アフリカで体調不良に陥れば、嫌な想像はどんどんと膨らんでいき、まるで底なしの沼に沈み込んでいくかのように不安が尽きることはない。

翌日も疲労困憊な状態は続き、さらにその翌朝も身体がずっしりと重かった。道脇の茂みにしゃがみ込み、身体から出てきたものに血が混じっていることに気づいた。これが体調不良の原因だろうか。血便だが下痢ではないし、症状も赤痢のそれとは違う。徒歩行ではないが、昔訪れたアフガニスタンで、アメーバ赤痢に罹った経験があるので、それは確かだ。

1週間前に食べた生肉か、あるいは毎日飲んでいる生水、それとも生野菜だろうか。いやそれ以前に、排便後に手で尻を拭うエチオピア人が食べ物を扱えば、それなりのリスクがあるはずだ。原因はなんだろうと最近の食生活を振り返るが、心当たりが多すぎて特定するのが難しい。

幸いにも100キロ先にアルバミンチがあった。このあたりでは大きな規模の町で、歩けば2日の距離だった。こんな体調で歩けるのだろうかと不安を感じたが、歩くしかない。体力が尽きたらそのときはそのとき、通りすがりの車に助けを求めればいいのだ。目指す先にある程度の大きさの町があるというのは、精神的に楽なものだった。

血便は続き、依然身体はだるかったが、食欲もエチオピア人とやり合うだけの元気もあり、行き倒れることなくアルバミンチに辿り着いた。

アルバミンチはこのあたりではそこそこ大きな町である。しかし、インターネット環境はよくなく、停電は連日。蛇口をひねっても水が出ないので、シャワーを浴びることすらできなかった。この先、さらに劣悪な環境になっていくのは確実であり、そんな場所で体調が悪化するという事態は絶対に避けたい。そういうこともあって、無難に病院へ行くことにした。

ユーラシア大陸から始まった長い徒歩行の過程で、病院を訪れるのは凍傷を負って入院したブルガリア以来2度目である。ブルガリアの病院はしっかりとした設備を持つ高層の建物だったが、ここは平屋の建物が数棟あるだけの小さな病院だった。

アフガニスタンでアメーバ赤痢に罹ったときも、首都カブールの病院を訪れた。入り口は鉄の扉で閉ざされ、鉄格子を掴むアフガン人が群がり、暴動寸前、地獄絵図のような凄まじい光景だった。それに比べればエチオピアの病院はとても静かで落ち着いている。

受付で病状と検査してほしい旨を伝えた後は、痩せ細った老人や子どもを抱く母親ら大勢の地元民に混じって診察を待つ。病院の匂いや独特の重苦しい雰囲気は、日本もエチオピアも変わらない。

名前を呼ばれるのをひたすら待ち続けるが、待てども待てども名前が呼ばれることはなかった。しびれを切らし、「いつになったら検査してくれるんだ？」と確認するが、「もう少し」が何度も続き、結局6時間も待たされた。

午後になり、ようやく検便の容器をわたされ、トイレで便を採取するよう指示された。トイレがあるのは屋外にぽつんと建つ掘っ立て小屋だった。そこに足を踏み入れた瞬間、悪霊のような不穏な空気が身体に絡みついてきた。きつい臭いが鼻を衝き、とっさに顔を歪めた。タマネギを切り刻んだときのようなピリピリとした刺激を目に感じ、涙が出そうになる。

便器に目をやると堆積した便が溢れ、無数のウジが這い回る様に吐き気を催した。壁には手で尻を拭った後にこすりつけられた痕跡が無数にある。病院という場所は徹底的に衛生管理されるべきなのに、なぜこんなにも衛生観念が低いんだ……。隣の個室を開けてみたが、同じ状況であることを確認してすぐに扉を閉ざす。酒を飲みすぎて便器に嘔吐することはあっても、視覚で吐き気を催させてくれるトイレは初めてだ。

これまで使ってきたトイレの

物珍しそうに集まってきた子どもたち。

中で最もひどいのは間違いない。出るものも出ない史上最悪のトイレに耐えられず、外へ逃げ出した。トイレから離れた安全地帯で、大きな深呼吸をして新鮮な空気を吸い込んだ。周りを見回すが人影がぽつぽつとあり、さすがに人目のある屋外で排便するわけにはいかない。

4つの個室のうち、2つはとても入れたものではなかった。それらに比べ、多少ましな個室に入る。目を閉じ、息を止め、視覚、嗅覚から伝達される情報を遮断して集中する。そして「エイヤッ」と肛門に力を入れた。

その後はまたひたすら待ち続け、ようやく診察室へと招かれた。白衣を着た医師から聞き覚えのある感染症を告げられることもなく、「君の身体はノープロブレムだ」と彼は太鼓判を押した。朗報に違いないが、散々待たされた割にはあっさりすぎる結果で、少しがっかりした気分でもある。

「それならばあの血便はなんだったのか？」

医師に聞くと、「どんな心当たりがある？」と尋ねられたので、思い当たるすべてのことを話すと、医師は「あちゃー」と掌で顔を覆う大袈裟な動作を見せた。

「食中毒の可能性があるから、この薬を飲みなさい」と処方薬を紙に書き、近くの薬局で買うよう彼は言った。治療費は保険会社に請求しようと思っていたが、ありがたいことに診察料は無料。カルテ作成と薬で計2ドル。保険金を請求するのがばかばかしいくらいの金額だった。

◎17◎ ムルシ族

エチオピアを南下するにつれ高度が下がっていく。肌を刺すかのように、日差しが痛いくらいにきつくなった。気候帯が変わり、植生も変化した。ほんの少し前までサトウキビをかじる人が多かったが、マンゴーを食べている人を頻繁に目にする。

もともとエチオピアは緑豊かな国だが、このあたりは格別で、濃緑の鬱

南下していくとマンゴー売りの女性を見るようになった。

蒼としたバナナの森があたり一面を覆い尽くしていた。

しかし気候帯が変わっても、子どもたちの行動に変化は見られず、行動がエスカレートしていた。少しでも相手をすれば延々と追いかけてくるので、しつこく後ろをついてくる子どもは相手にしない。だが、無視をしたりぞんざいな対応をとったりすれば、子どもたちの機嫌を損ねることになり、リヤカーを引っ張ったり、石を投げつけたりしてくる。

「家に帰りなよ。これ以上追いかけてくるんじゃない」

身振り手振りで示しても効果はまったくない。むしろ怒っている私の姿を見て喜んでいるくらいだ。

「はぁ……」うんざりした表情をつくり、彼らに聞こえるよう意識して大きな溜息をつくが、効果はゼロ。

私の姿を見つければ、敵機来襲と言わんばかりに叫び声で村中に伝達され、次から次へと子どもたちが現れる。30人くらいの子どもたちがついてきて、度胸試しをするかのように代わる代わるリヤカーを後ろに引っ張って邪魔をしてきた。

足を止め、後ろを振り向いて睨みつければ、子どもたちはすぐに逃げるが、歩き始めればまたついてくる。

そして再び引っ張られるリヤカー。これがひたすら延々と、未来永劫《えいごう》、果てしなく繰り返される。

イライラが加速して極限に達した瞬間、苛立ちが怒りへと変わった。プチッと小さな音を立てて、ついに堪忍袋の緒が切れた。

「もういい加減にしろやっ！」

子どもたちは危険を察した小動物のように、あちこちに逃げていくが、私のターゲットはひとりだけだ。直前にリヤカーを引っ張った子どもである。普段全力で走ることなどないので、足がもつれて転びそうになったが、泣き叫びながら逃げる子どもを捕まえた。

突発的な行動だったので、お灸をすえるとか怒鳴るとか、捕まえた後にどうするか、まったく考えていなかった。「ギャーギャー」泣き叫ぶ子どもを捕獲したはいいが、戸惑い、立ち尽くしてしまう。抱きかかえた子どもは意外なくらい軽かった。栄養が足りていないのだろうかと思っていたら、すぐに大人があいだに入り、子どもを引きわたして追いかけっこ終了。

大人気ない行動と言われればたしかにその通りだが、彼らの行動はあまりにひどく、無意識のうちに子どもを追いかけていた。

エチオピアの子どもは、「子どもらしい」とか「ワンパク」という言葉で許容される域を完全に脱している。動物のように本能のままに動きすぎなのだ。

「ついてくるな」というジェスチャーを何度も示し、迷惑しているのは明白なのに、大人がそれを注意することは少ない。投石を受けるのも一度や二度ではなく、連日だ。のびのびさせるのもいいけれど、善し悪しを教え、育てていくことがなにより大切ではないか。

さすがに、ここではこれ以上子どもたちが追いかけてくることはなかったが、しばらく歩くとまた新たな子どもたちが現れた。相手をするだけの気力も余裕もなく、無視をしたら後方から石が飛んできた。私は深い溜息をまたひとつ吐く。


日暮れ前、ソマヤという村に到着したが、この時点で下校途中の10人ほどの子どもたちに捕まり、すでに騒がしい状態だった。さらに老若男女、野次馬がどんどんと集まってくる。まるで磁石のように人々を吸い寄せ、私を囲む人波は大きく膨れ上がった。恐怖を感じるくらいの人数だ。

幸い警察署に場所を提供してもらえることになり、200人超の野次馬からの注目を集めながらテントを張った。とにかく疲れた一日だったが、ここ数日はこんなことが頻発していた。

自転車なら子どもたちを置き去りにして走り抜けることもできるだろう。しかし時速5キロというスピードでは、ひたすら追いかけてくる子どもたちから逃れることはできない。この国で最も疲れるのは上り坂や暑さなどではなく、人であるのは間違いない。

エチオピアは80以上の民族が暮らす多民族国だが、その最大勢力オモロ人の居住区では頻繁に投石を受け、特にひどかった。さっさとオモロ人居住区を抜け、一刻も早くオモ川流域へ歩き抜いてしまいたい。

オモ川流域には、46もの民族が独自の伝統を守りながら暮らしている。民族色溢れるマーケットを訪れ、我々とは異なった文化や習慣を守りながら暮らす民族と出会うのが、エチオピア南部のハイライトだった。

アルバミンチからしばらく南下すると、コンソ族が姿を現し始めた。女性はビーズのネックレスを身に纏い、2段のフレアスカートをはいている。欧米人旅行者を乗せたツアーのランドクルーザーが停車し、女性の写真を撮った後、5ブル（30円）をわたしていた。

「写真を撮ってもいいですか？」

私も女性に聞いてみるが、やはり「金だ」と返された。多くの旅行者がこの地域に入り込んだ結果、民族の写真を撮るのにお金が必要になっているらしい。

その後、私はジンカへやってきた。人口約3万人。このあたりでは規模の大きな町だが、ここに見るべきものはない。それにもかかわらず、町を歩けば旅行者をよく目にした。彼らの目的はムルシ族である。

オモ川流域に点在する村々では、週に一度マーケットが開催され、周辺で暮らす民族が集結する。バンナ族やハマル族の女性は髪に赤土を塗り込み、ビーズや貝を使った派手な装飾を身に纏っているが、最もインパクトの強い容姿をもつのがムルシ族なのだ。

数ある民族の中でも最も興味があり、私にとって長年の夢だったのはムルシ族と会うことだった。奴隷貿易時代、美しい女性ばかりが奴隷として連れていかれた。ムルシ族の女性たちは自らの唇に穴をあけ、醜い姿となることで奴隷として選ばれるのを避けるようになり、現在もその伝統を守り続けているのだ。

ムルシ族の村はマゴ国立公園内に点在し、村を訪れる際の拠点となるのがジンカである。そのため町を歩いていると、「ムルシ族の村へ行かないか」とキャッチセールスのように何度も声がかけられた。

「ツアーでは行かない」

ツアーに参加することで行動を束縛されるのが嫌な

青空マーケットに集まったバンナ族の男たち。

ので、きっぱりと拒否したにもかかわらず、「ムルシ族の村へはガイドつきのツアーでないと行くことができない」と入れ代わり立ち代わり男たちがツアーの斡《あっ》旋《せん》にやってくる。時には、訪問販売のように宿にまで押しかけてきた。なんの産業もないこの町で、ムルシ族の村を訪れるツアーは貴重な収入源なのである。

しかし、「ツアーでないと行くことができない」という彼らの言葉は嘘だ。マゴ国立公園の先にある村へ向かうバスに乗れば点在するムルシ族の集落を訪れることができるのだ。だが、どこにムルシ族の集落があるのか、どこでバスを下りればいいのか、さっぱりわからなかった。ムルシ族の言葉はもちろん、エチオピアの公用語アムハラ語すら話せないのは、なにかトラブルが起こったときに困るだろう。

さてどうしようかと思っていたら、「ハロー」と子どもが声をかけてきた。「ぼくを雇ってムルシ族の村へ行かない？」「はっ？」いきなりなんなんだお前……。

戸惑う私のことなどおかまいなしに、彼はセールストークを始めた。ダゴと名乗るその少年は、見た感じどこにでもいる子どもだが、流暢《りゅうちょう》な英語を話した。外国人旅行者を相手に会話をして覚えたらしい。

ツアーの斡旋で最も安い言い値は、バイクで村を訪れるもので総額65ドルだった。ダゴの言い値は、公共バスでふたり分の交通費も含めて30ドル「ほほう、安いではないか」ガッチリと握手を交わし、契約は締結された。

しかし、大人の目を盗んでの小遣い稼ぎのガイドである。それはつまり、大人のガイドの食い扶持《ぶち》を奪う

バンナ族の女性とその子ども。女性はカラフルな装飾を身につけている。

ということであり、見つかったらこっぴどく怒られるらしい。そんなわけで私たちは人目を忍び、薄暗い雑居ビルの階段下でこっそりと交渉を進めていた。

エチオピアで携帯電話を持っている大人は少なく、当然ダゴも持っていない。ダゴに用事があるときはその辺にいる子どもに、「ダゴを呼んでくれ」と伝えればいい。小さな町なので子どもは皆友だちなのだ。子どもたちの口伝えというネットワークで私の言葉が伝達され、すぐにダゴがやってくるのである。

裏稼業で資金を得て、大人の知らないネットワークを構築しているジンカの子どもたち。その一端に触れ、裏社会に足を踏み入れたかのような妙な気分になった。

教育環境や労働環境など、日本とは異なるさまざまな要因が背景にあるとはいえ、日本にこれだけ逞《たくま》しい少年はいるのだろうか。子どもに金をせびられることが多いエチオピアだからこそ、自分で稼ぐダゴの能力が際立っていた。

ガイド料としてダゴの懐に入るのは150ブル（900円）。エチオピアの物価、日本の中学生のお小遣いの平均が1か月2500円前後であることを考えれば、破格の収入である。

将来有望な、大人顔負けのダゴだが、カフェへ連れていけばオレンジジュースを美味しそうに飲み、子どもらしい一面を見せた。将来の夢を聞くと「民族学者になりたい」と目を輝かせながら答えた。

まだ闇に包まれている早朝、誰にも見つからないようにこっそりと宿を抜け出した私はバスターミナルでダゴと落ち合い、バスに乗り込んだ。文字だけ読めば禁断の恋の逃避行である。座席はすべて埋まっていたが、私たちのことを咎《とが》める人は誰もいない。おそらくうるさいのは、観光業に携わる大人だけなのだろう。

砂煙を上げながらバスは未舗装の道をひた走る。山をひとつ越え、低地のジャングルへと景色を変えていく。国立公園であるだけあって素晴らしい景観だ。

歩いている人が見えたとき、「ムルシ族だよ」とダゴは言った。唇に皿をはめておらずダラーンと伸びた唇の女性、屈強そうな男性の姿が目に入った。長年の憧れだったムルシ族を目の当たりにし、強い感動で体の芯まで熱くなっていく。自分でも意外なくらいに興奮して気持ちが昂っていくのを感じた。

坂を上った先に小さな集落が見え、私たちはバスを下りた。ここがムルシ族の村らしい。藁《わら》で作られたドーム状の小さな小屋がいくつも見え、村というより小さな集落である。童話『三匹の子豚』で最初にオオカミに吹き飛ばされる藁の家みたいだ。

この集落のリーダーだろうか、40歳くらいの厳《いか》つい男が出てきてダゴは挨拶をしていた。続いて私も握手を交わす。意外にも彼は英語を話し「このあたりにはムルシ族が暮らす集落は3つある」と教えてくれ、入村料として200ブル（1200円）を要求してきた。

電気やガス、水道のない場所でムルシ族は暮らし、文明から離れた生活をしている。しかし、だからといって彼らが純真無垢であるというわけではない。

特異な外見をもつムルシ族に会うために、連日多くの観光客が彼らの村を訪れ、入村料が課せられる。私が村を訪れた後、20人ほどの観光客がやってきたので、2万4000円ほどの収入が彼らの元に入ったはずだ。エチオピアという国において、大きな金額なのは間違いない。

入村料だけでなく、写真を撮るたびに5ブルを求められた。ほかの民族はひとりに対し5ブルが相場だが、ムルシ族は1枚につき5ブルである。子どもに対しても3ブルと撮影料金が設定されている。

唇に大きな穴をあけ、デヴィニヤという土器の皿を入れた女性の容姿はたしかに奇抜である。奴隷から逃れるという負の歴史が根底にあるとはいえ、ずっと守り続けてきた文化は、他民族にはないムルシ族だけのものだ。彼女たちもその希少価値をわかっているようだった。

村の掟《おきて》は社会主義でなく実力社会である。稼いだら稼いだ分だけ懐に入るので、皆必死で、逞しさを感じた。女性たちは「私を撮りなさい」と営業スマイルを浮かべて腕を引っ張ってくる。気に入った女性を見つけて写真を撮るたびに、ちょっぴり照れながら「この人をお願いします」と指名する。まるでキャバクラである。赤子を抱えた女性を撮れば、「この子にも撮影料を払え」と悪徳キャバ嬢に引っかかることもある。

ちなみに、大きな皿をつけているほど美しい女性とされ、結婚するときの結納に交わされる牛の数も多くなる。大きな皿を唇から外し「買え」と言われたが、そんなものはいらん。

ふたりの女性が穴のあいた唇と唇を金属製の丸輪で繋ぎ、引っ張り合った。「写真を撮れ」と促してきたが、金のためならどんなことでもする彼女たちの姿は痛々しかった。


村を訪れたのはやわらかな朝日が照らし始めた頃で、朝餉《あさげ》の支度をする白い煙が空高く立ち上っていた。

しわしわの乳を垂らした老婆が石を使って実を擦り、粉末状にしていた。そのようすを眺めていたら、「飲んでみろ」と木椀を差し出してきた。

「けど、おばあちゃん、お金ないから払えないよ」

「そんなものいらないから飲んでみなさい」

椀の中には濃茶色をした謎の液体が入っている。「密造酒で村人30人死亡」なんていう海外の報道を目にすることがあるが、まさかこの手の液体ではないよな……。

「うーむ……」と木椀を手にしたまま、私は固まっていた。乙女のような眼差しで老婆は私をじっと見つめている。

ムルシ族の女性と写真を撮る。
左の少女はまだディヴィニアをはめる年齢に達していないのだろう。

「ふう」と息をひとつ吐いた後、意を決して口にすれば、唐辛子のようなピリッとした刺激が口の中に広がった。覚悟を決めてゴクリと胃袋の中に液体を流し込んだ。

手作りのお弁当を持ってきた女子のように「ねえどうだった?」と老婆は言いたげだ。

「とても美味しかったです」と木椀を返せば、気分をよくした老婆はもう1杯注ぎそうになったが、さすがにそれは断った。すると「1杯5ブルだ」と老婆。

「なんだこの古典的な悪徳商法は」と思わず笑ってしまう。

ムルシ族の魅力は唇にはめたお皿だけではない。胸から腹部、腕に刻まれた模様のある傷跡が美しかった。熱したナイフを使って肌に火傷《やけど》傷をつくり、この模様は刻まれるらしい。男の腕に刻まれた模様からは猛々《たけだけ》しさと誇りを感じ、女性は胸の美しさを強調するかのように美しい曲線の模様が刻まれていた。

黒い肌に白い塗料のペイントを施す様は、インパクトがあり美しい姿だ。しかし彼らの生活に根づいたものではなく、観光用であることが残念で、言いようのない悲しさを覚えた。

ムルシ族の男性。腕の模様は熱したナイフによる火傷傷だ。

我々旅行者が先住民族の生活圏に足を踏み入れた結果、貨幣経済の波が押し寄せ、彼らの生活と価値観を大きく変えた。入村料を払い、写真を撮るたびにお金を払うなんて、テーマパークのアトラクションではないか。長年憧れていたムルシ族との出会いは嬉しかったが、私の心には感動と失望が混在していた。

現在はエチオピア政府の命令により、唇に穴をあける慣習が禁止されているという。その規制がよいことなのか私にはわからないが、ムルシ族にとって時代の転換期を迎えているのは確かである。

◎18◎ ハマル族の成人儀式

ムルシ族に限らず、この地で暮らす民族の村やマーケットを訪れ、彼らの姿を写真に撮るときはお金がかかる。それはエチオピアの民族だけではなく、世界中の少数民族と呼ばれる人たちを撮るなら当たり前のことなのかもしれない。

数年前、タイの北部を歩いたとき、偶然にも首長族として知られるカレン族の村があった。そこを訪れた際にも入村料を求められたし、10年前に訪れたケニアでも、マサイ族に撮影料を支払った記憶がある。

民族の人たちに個人事業主という意識があるとは思えないが、自らの容姿を「売り」にして稼ぐということは、世界中の至るところに観光客が溢れる今の時代に沿ったことなのかもしれない。もっとも、ムルシ族のように、あまりに商売熱心だと興醒《きょうざ》めしてしまうのだが……。

私も斬新でおもしろい被写体がいれば、いくらかのお金をわたして写真を撮らせてもらった。しかし、この写真撮影を巡ってトラブルが発生することが何度かあった。

マーケットの全景を撮っていたら、「あんた、今私を撮ったね」とおばさんに詰め寄られ、またあるときは、カメラを手に持って歩いていたら、「お前隠し撮りしてるだろ」と言われた。道路を闊歩する牛にカメラを向ければ、「金を払え」と通りがかりのおじさんに怒鳴られた。

彼らがこうも疑心暗鬼になり、神経質になっているのは、一部の旅行者のせいなのだろう。先住民族を求め、この地にやってくる旅行者の多くは、ツアーや個人でランドクルーザーを手配する人たちが多い。

マーケット開催日には、何台ものランドクルーザーが怒涛《どとう》のように押し寄せてきて、マーケット内を足早に見て回り、写真をカシャカシャ撮って慌ただしく去っていく。そんな欧米人旅行者の醜態を何度も目にしているが、彼らは実に図太いのである。「お前らのルールなど知ったこっちゃない」と言わんばかりに先住民族にカメラを向けまくる。民族の女性たちは声を荒げて怒鳴り、それでもカメラを向け続ける人たちに石を投げつける。

これがマーケット開催日に繰り返されるのだから、民族の人たちからしてみれば、たまったものじゃないだろう。ここは彼らの生活の場であり、彼らは観光客の欲を満たすために存在しているわけじゃない。気軽に写真撮影に応じる「ゆるキャラ」ではないのだ。

ジンカからいくつかの村を巡りながら西を目指し、私はトゥルミに辿り着いた。

この地で暮らすハマル族は、「ブルジャンプ」と呼ばれる成人の儀式を行うことで知られ、男たちの通過儀礼となっている。成人を迎える男は、20頭ほどが並んだ牛の上を一度も落ちることなく3往復しないといけない。それに成功すると、「マザ」と呼ばれる称号を手にすることができるのだ。

定期的に行われる儀式ではないが、「成人の儀式が行われる予定はないのか?」と宿の主人に聞けば、「今日だ」と言った。トゥルミは小さな村で、旅行者が泊まるホテルも2軒しかない。この儀式は旅行者にも開放されており、そんな情報を聞きつけたツアー客一行が続々とトゥルミに集まり始めていた。

この儀式を見るのにもお金がかかる。この日成人を迎える主役にご祝儀がどれだけわたされるのかは不明だが、400ブル(2400円)と見学料は安くない。

村から15キロ離れたところに儀式の会場はあった。「エチオピアの最奥部で暮らすハマル族の成人の儀式」

秘境感たっぷりの響きだが、私がここに着いたとき、すでに多くのランドクルーザーが停まっていた。その数なんと30台。50人以上の欧米人旅行者がおり、ここに集まったハマル族と同じくらいの大所帯だった。儀式を前に、早くも秘境感が薄れてしまう。連日ツアー客を案内しているガイドからは「お前、歩いているやつだろ」と何度か声をかけられた。

「ヒュッ」と空を切る音が聞こえた直後「バシーン」という音が響きわたる。目の前で繰り返される光景に目を見張った。木の枝で作られた細い鞭《むち》を持ったひとりのマザが、容赦なく女性の背中に鞭を振り落としたのだ。

成人を迎えるめでたい日だというのに、それとは対照的な暴力的な光景に映る。しかし、この鞭打ちの儀式もハマル族が守り続ける伝統なのである。鞭打ちの傷跡が多く、傷が深いほど、強い女性を意味し、結婚する相手への愛情の強さを表すのだ。

「私を叩いて!」我れ先にと女性たちが男の前に殺到

し、次々に鞭で打たれていく。女性たちの黒い背中の皮膚が裂け、真っ赤な鮮血がほとばしった。あたりを見回せば、どの女性も鞭に打たれた無数の痕がミミズ腫れになって残り、痛々しい。目を覆いたくなる光景だが、彼女たちは痛みに耐え、痛がる素振りを見せることはない。

民族の伝統とはいえ、男にとっても女性を鞭で打つのは辛い行為なのかもしれない。しかし、これもまた大人になるための階段なのである。牛飛びの儀式を終え、マザになった男はこの鞭打ちを経て結婚することが許され、ようやく一人前の男として認められるのだ。

その後、男たちはフェイスペインティングを施し、女たちはラッパを吹きながら円を描くようにぐるぐると回り始めた。歌い、飛び跳ね、踊るたびに身体につけた鈴の音が「シャンシャン」と鳴り響く。

会場に牛が登場し、牛飛びの儀式が近づいてきた。それを前に男たちが主役を囲み、謎の儀式が始まったが、なにをしているのかはよくわからなかった。

欧米人のツアー客がそれを撮ろうと近づくが、大切な儀式だからか「撮るな」とハマル族の男が制した。

ハマル族の鞭打ちの儀式。

女性の背中に残る鞭打ちの儀式の傷跡。痛々しい。

それにもかかわらず、彼の目を盗んでこっそりカメラを向ける人が多い。そんな執念と欲深さを目の当たりにすると、ハマル族が大切にしているものが踏みにじられている気がして、こちらまでうんざりとした気分にさせられる。

太陽が傾き、大地が赤く染まり始めた頃、ハマル族の男たちは暴れる牛を押さえつけて一列に並べていく。そして今日の主役の登場である。

家族や親戚、あるいは世界中から集まった多くの人たちが固唾《かたず》を呑んで見守っていた。一世一代の晴れ舞台、日本の成人式なら伝統的な紋付き袴《はかま》で登場するに違いないが、現れた主役はというと、ハマル族の伝統に倣い……全裸であった。

全裸の男は意を決して牛の背中を走り始めた。身体の中央の秘所が激しく上下する。目のやり場に困ったが、男は落ちることなく3往復して、無事にマザになった。誇らしさと安堵が混じった笑みを浮かべた男の顔を、茜《あかね》色の夕日が照らしていた。

この成人の儀式は見学料を稼ぐため、観光客向けに行われるショーになっているのではと思っていた。し

牛の背中を走る全裸の男。ハマル族の成人の儀式「ブルジャンプ」だ。

かし、手加減のない鞭打ちを実際に目の当たりにし、そんな疑念は吹き飛んでしまった。彼女たちの背中に刻まれた傷と流れる血は、紛れもない本物だったのだ。

オモバレーでは7つの民族と出会った。マーケットへ行かなくても、道を歩けばたくさんの人たちと出会い、言葉を交わした。

厳しい暑さと上り坂に苦しみ、木陰で休んでいたとき、バンナ族の男たちは「暑さにやられたのか?」と水を差し出し、気遣ってくれた。

テントでくつろいでいたら、放牧帰りの男たちが現れ、初めて目にするテントとリヤカーに強い興味を示した。

コンソ族の集落では、ひょうたんの椀に入った酒をおばさんと飲み交わし、村の水場では水を分けてもらった。

奇抜で斬新な容姿をもつ民族たちだが、人間の根底にある部分、本質的なものは、私たちとなんら変わりないことを知った。彼らの姿を写真に収めること以上に、そんな人間的な部分を垣間見ることができたことこそ、この土地を訪れた最大の成果だったのかもしれない。

◎19◎ オモラテのダサネチ族

「ダサネチ族は危ないぞ」

カイアファールという村で会ったツアーガイドに今後の行程を話したとき、突如表情を強張らせた。

「そのルート上ではダサネチ族と軍が戦闘をしていて、今週10人死んだ」と彼は続け、別のガイドは、「最悪の場合殺されるぞ」と首を掻っ切るジェスチャーを示した。

エチオピアとケニアの国境はモヤレという町が有名だ。数年前のガイドブックには、「絶対に越えてはいけない」と書かれ、現在ではモヤレの情報すら削除されている。そんな話を聞けば、荒廃した土地を荒くれ者が支配する『北斗の拳』のような世界をイメージするが、陸路で越境する旅行者のほぼ100パーセントが通る国境なので、なんてことはない。

一方、私が越えようとしているのは超マイナー国境で、数年前に日本人が自転車でここを通過したという話を聞いたくらいだ。交通機関はなく、深い砂の道が延々と続くので、人力で旅する人間でなければ越えるのは難しいだろう。ここを通過した前例は少なく、情報はほとんどない。

道中どれだけの村があり、どんな人が暮らしているのか、わからないことだらけで、情報が少ないことは私を不安にさせた。そんな未知の国境を目指していただけに、彼らの言葉は衝撃的であり、「えええええっ!」と絶叫した。

なんらかの問題が発生するとしたら、トゥルミから国境に近いオモラテへの70キロだろう。この間に村はなく、オモラテ周辺にはダサネチ族が暮らしている。オモラテまで定期的に運行されるバスはなく、旅行者がここを訪れるにはランドクルーザーをチャーターするのが一般的だ。カイアファールやジンカでは多くの旅行者を目にしたが、さらに奥まった辺鄙な場所なので、ここを訪れる旅行者はほとんどいないようだった。

ディメカという村に軍が駐留していたので、最近の戦闘状況について聞いてみると「そんな話は知らん」と当事者であるはずの軍は一蹴した。警察や住民からもそんな物騒な話を聞くことはなかったが、「追い剥ぎには気をつけろ」と言われた。

トゥルミを離れると集落は消え、あたり一面灌木が広がる景色に変わった。人はおらず、牛飼いをわずかに目にするくらいだ。前方に人影が見えるたびに心臓が早鐘を打つ。

「水をくれ」「食べ物をくれ」

上半身裸で腰に布を巻いただけの男は、身振り手振りで求めてきた。銃を手に持ち、弾帯を身体に巻きつけて武装した男に笑みはなく、憮然《ぶぜん》とした表情だ。そんな男にモノを乞われるのだから断り方にも気を遣う。

その後も銃を持った男が続々と現れ、何度もモノを乞われた。懸念するダサネチ族ではなく、ハマル族の男たちだった。銃の携帯率がやけに高いが、日常生活の中に銃が必要な場所なのだろうか。少しでも好印象を与え、友好的な雰囲気をつくるべく、彼らと出会ったときは挨拶と握手をしっかりとしておく。

ダサネチ族と軍の戦闘の話はガセだったが、いつ身

銃で武装したハマル族の男。

ぐるみ剥がされてもおかしくない状況だ。微かな緊張感が漂い、「来る場所を間違えたんじゃないか」と思いながらひたすら西進したのであった。

エチオピアの南西の果てにあるのがオモラテである。時折強い風が吹きつけ、大気を舞う砂粒が視界を遮った。砂煙の先には通りを行き交う人影がうっすらと見える。

往来する女性は皆上半身裸であるが、エロスはまったく感じない。日本なら間違いなく公然猥褻《わいせつ》罪で検挙されるはずだが、これがオモラテで暮らす彼らの日常であり、シャツを着た私こそ異端なのである。

この世に生を受けてから30年超、服を着て生活するということが当たり前である私にとって、こんな世界が存在することは衝撃的だった。時代の波に流されることなく、独自のアイデンティティを守りながら暮らす彼らに深い感銘を覚え、異なる価値観や文化、習慣に触れることこそ、旅の醍醐味なのだと改めて思う。

アフリカにいると非黒人は否応なしに目立つが、少数民族が暮らすこの一帯はさらに顕著となる。オモラテを訪れる旅行者が少ないからか、ダサネチ族の人たちは素朴で友好的だ。村を歩けば、やわらかな笑みを浮かべたダサネチ族の男たちから何度も握手を求められた。

あてもなく村を歩いていたら、路上にすわっているふたりの男が目についた。膝を両手で抱え、体育ずわりをした男の後ろで、もうひとりが木製のへらを使って頭に土を塗りつけて整えている。関取の大銀杏《おおいちょう》を結う床山のようだ。オモ川流域の民族エリアでは頭を土で固めた男をよく目にするが、それをつくる姿を見るのは初めてのことで興味深い。

村には数軒の酒場があった。窓から差し込む一条の光の中を砂塵が舞っている。薄暗い建物の中でダサネチ族の男たちが酒を飲み交わしていた。そこで飲まれているのは、例外なくタッジという蜂蜜から造られた酒であり、タッジを出すこの酒場は「タッジの家」を意味する「タッジヘット」と呼ばれる。

理科の実験で使うフラスコのような瓶に、不透明で黄色いタッジが入っている。1瓶5ブル（30円）、グラスだと2ブルである。蜂蜜から造られているだけあり、甘みのある飲みやすい酒だ。

私がタッジヘットに足を踏み入れると男たちは会話を中断し、ギロリとした遠慮のない視線があちこちから向けられた。宇宙人を見るかのような眼差しである。

皆と同じようにタッジを頼むと、男たちの目の中に親愛の情が加わった。彼らの懐に一歩踏み込めた気がする。男たちはタッジを手にした私を興味津々に見つめ、次の動作をじっと待っているようだった。ひと口飲んだ後「美味しい」と周囲にアピールするかのように親指を立てれば、ほっとした笑顔を見せ、再び各々の世界へ戻っていった。

「その頭すごくかっこいいよ！」

仲間と一緒にタッジを飲む若い男が目に入り声をかけた。オモラテの酒場に女性の姿はないが、奇抜な頭

オモラテのタッジヘットで、奇抜な頭をしたダサネチ族の男たち３人の写真を撮らせてもらった。

をした男は少なくない。彼は土をオレンジ色に着色して羽を立てていた。「1杯奢《おご》るから写真を撮らせてよ」と続ければ、男は照れ笑いを浮かべながら頷いた。

オモラテはとにかく暑い。それにもかかわらず、宿の部屋は土壁なので熱がこもり、すわっているだけで汗がダラダラと流れる。せめて扇風機があればと思うのだが、オモラテで電気が使えるのは19時から23時まで夜間の4時間に限られる。

冷たいものを飲むことができず、もどかしく思っていたら、ソーラーキオスクなるものがあった。文字通りソーラー発電で電力を賄い、冷たい飲み物を売っているキオスクである。「歩いているところを見たよ」と声をかけてきた男が冷たいコーラをごちそうしてくれ、猛暑のオモラテで息を吹き返した。

国境を目指して出発する前に、村にあるイミグレーションオフィスでエチオピアの出国手続きをする必要がある。通常出入国手続きは国境でするものだが、これから目指すトゥルカナ湖西岸の国境にはそういう施設がないらしいのだ。両替商もいないので、ケニア通貨のシリングも前日のうちに手に入れておいた。

電力が使えないからか、イミグレーションオフィスにはパソコンがなかった。機械でパスポートデータを読み取ることもせず、すべて手作業である。職員が書き込む名簿を覗き込めば、オモラテから出入国した人の名前や国籍が書かれていた。私以前にここから出国した外国人は20日前のイタリア人だった。私は3週間振りの外国人であるらしい。

出国手続きを済ませた後、村の外れを流れるオモ川へ向かった。幅200メートルほどの茶色い川で、子どもたちは水遊びをし、牛が水を飲んでいる。丸太をくりぬいた簡素な船が対岸との間を行き来していた。

すべての荷物を船に積み込み、対岸へとわたる。船にモーターはついていない。若い船頭は船首に腰かけ、長い木の竿でバランスをとりながらゆっくりと進んでいく。太陽が船頭の黒い背中を照らし、滲んだ汗がキラキラと煌めいていた。

対岸の船着場に到着し、坂を登った先に現れた景色を見たとき、私は呆然と立ち尽くした。冷静を装いつつも頭の中は混乱していた。目の前には見わたす限り褐色の大地が広がっているだけである。そこに道はなく、一体どうやってケニアを目指せばいいのだろうか……。

胸を露わにしたダサネチ族の女性に「ケニアはどっちですか」と尋ねてみる。彼女が指差した方向へ進むが、すぐに心許《こころもと》なくなった。

その後現れた別の人に改めてケニアへの道を聞いてみれば、地面を指差し「車の轍《わだち》を追いなさい」と言われた。なるほど砂地の道にはうっすらと車の轍が残っている。「なかなか難易度が高いではないか」と笑っていたら、すぐに轍は消え、ケニアへの手がかりが途絶えた。

「ヒュウウウウ……」砂を乗せた強い風が吹きつける。「ハハハハハ……」私は青ざめた顔で笑うしかなかった。国境まで30キロもあるのにほんとうに辿り着けるのだろうか……。

タイヤが深い砂の中に沈み込み、リヤカーを引く腕にも力が入る。体は熱を帯び、顔からは砂混じりの茶色い汗が滴り落ちた。

殺風景な景色の中に時折小さな集落が現れる。そこにあるのは家というよりは小屋で、トタン材を何枚も継ぎ合わせた小さなドーム状の小屋がいくつも並んでいた。人が現れるたびに道を尋ね、小高い丘の上にある建物に着いたのは、宵の明星（金星）が輝き始めた日没前のことだった。

「ここはまだエチオピアなの？」と聞くと、軍服の男は頷き、「軍の建物だ」と教えてくれた。

「ここでひと晩過ごしたいのですが」

「もちろんかまわないよ」

男は快諾し、四方を壁に囲まれたスペースを与えてくれた。このあたり一帯は遮るものがなにひとつなく、絶えず強風が吹きつけているのでとてもありがたい。

国境がある南に目をやるが、ケニアの国境施設らしきものは見えず、砂漠がどこまでも広がっているだけだった。

「国境はどこにあるのですか？」

「あれだ」と男が指差したのは200メートルほど離れたところにある小さな白い標だった。これまで数えきれないくらいに国境を越えてきたが、ここまでなにもない国境は初めてだ。

　オモラテのイミグレーションですでに出国スタンプが押されていた。今日中に出国しないと問題が生じるだろうかと少し不安だったが、軍の人たちはそんなことを微塵も気にしていないようだった。

　与えられたスペースにマットを敷き、横になって日記を書いていたら、「食べなさい」とインジェラを持ってきてくれた。「アマサグナロー」お礼を言って皿を受け取る。インジェラも、エチオピアで過ごす夜も、昨日で最後だと思い、感傷に浸っていたので、もう一度それを繰り返すのも妙な気分だ。

船首で船頭が漕ぐ船でオモ川をわたる。

　最後のインジェラを噛みしめるごとに、ひとつひとつのできごとが蘇えってきた。私はエチオピアで72度目の夜を迎えていた。

　やがて砂漠が漆黒の闇に包まれた。西からの強い風を身体に受けながら南に目をやった。広大な砂海の先には灯台のように小さな明かりが浮かび、揺らめいていた。

ケニアに向かう道を尋ねたダサネチ族の女性たち。

ケニアとの国境に立つ白い標。

ケニア
2015年2月6日～2月19日
⑰ロワレンガク
⑱ロドワル
⑲キタレ
地中海
紅海
イレミ・トライアングル
⑰
⑱
トゥルカナ湖
⑲
大西洋
インド洋

◈20◈ 過酷なトゥルカナ湖西岸

砂漠の中にポツンと立つ白い標を横目にケニアへ入った。国境を越えたからといって劇的な変化があるわけではない。エチオピア側と同じように、深い砂の中にタイヤが沈み込んだ。後ろを振り返れば、足跡とタイヤの轍がどこまでも続いている。

見わたす限り砂の海が広がる中、遠くに人影が見えた。大海原で漂流する小舟のように、どこか脆《もろ》く不安な気持ちにさせられる。こんなところで誰がなにをしているのだろうと思ったら、ダサネチ族の老爺《ろうや》だった。

世界地図を広げれば、アフリカの国々の国境線の多くはきれいな直線で引かれていることがわかる。列強によるアフリカ植民地分割で境界線が決定したが、そこで暮らす民族のことなど無視した結果、同じ民族がふたつの国に分断されていることも少なくない。

しかし、国境線は彼らの暮らしに大きな意味をもつものではなく、そんなものとは無関係に悠然と行き来しているようだった。東に目をやれば集落らしき影が見えるが、ダサネチ族の集落なら安心だ。

トゥルカナ湖周辺では、部族間での家畜の強奪とそれに伴う殺人が絶えず、2012年にも牛の群れを巡り、サンブル族とトゥルカナ族の部族間対立が起こり、38人が死亡している。長年紛争が続き、政情が不安定な南スーダンから銃器が流入しやすく、状況を一層悲惨なものにしている。

今まさに私が歩いている場所は、イレミ・トライアングルといい、ケニア、エチオピア、南スーダンが領有権を主張し、未だに帰属が決まっていない地域だった。南スーダンから民兵や難民が流入し、略奪行為をすることもあるらしい。

そんなこともあり、牛飼いは自動小銃を携行し、周辺住民は厳重な自衛態勢を敷いているという。血気盛んなトゥルカナ族居住区では、細心の注意を払わなければならないなと思うのである。

余談ではあるが、さだまさし氏の『風に立つライオン』にもトゥルカナ族は登場する。作品の舞台となったロキチョキオは、トゥルカナ湖より直線距離で西に200キロのところに位置する。

国境からケニアの国境施設へは、およそ10キロの距離があった。しばらく歩くと、遠くに建物の影が浮かび上がった。建物が目の前に迫ったところで、数人の兵士がこちらへやってきて、私に停止を命じた。茫漠《ぼうばく》たる砂の大地に突如リヤカーを引いた東洋人が現れたのだから、怪しまれるのも至極当然なのである。

「なにをやってるんだ」と顔色ひとつ変えずに尋ねる兵士にパスポートを提示し、私の旅について説明する。30分をかけて、ひとつひとつ念入りに荷物を検査された。ケニアはスワヒリ語とともに英語が公用語の国なので、容易に意思疎通をはかることができる。

イミグレーションではビザを確認されたが、入国スタンプを押されないままパスポートが返された。

「えっスタンプは？」と戸惑う私に対し、職員はこともなげに言った。「ここには入国スタンプがないから、どこか別の国境へ行って押してきてくれ」

「おいっ、本気で言ってるのか……」

小学生が架空の王国をつくって遊んでいるわけではなく、ここは国家が人々の出入国を管理、審査するイミグレーションである。耳を疑うような言葉に、ずっこけそうになるのを辛うじて堪えた。

しかし、ケニアでの滞在期間は入国した日付を元に起算するわけで、スタンプが押されず、入国した日付を確認できない場合、不法入国と見なされたり、なんらかの問題が生じたりするのではないかと思うのだが……。

「法的に問題があるんじゃないの？」と心配する私に対し、「はっはっは、ノープロブレムだよ」と、でっぷりとした職員は額から流れる汗を拭いながら笑った。

ここまでなにもない国境は初めてだと思っていたが、さらには入国スタンプがないなんて……。こんないい加減な国境も初めてである。

ケニアといえば、緑色の草が風に揺れるサバナをイメージしていたが、そんな景色とは対照的に、北部のトゥルカナ湖沿岸は茶色く乾いた砂漠地帯が広がっている。

今日も太陽は無差別攻撃に勤しみ、容赦ない陽射しを照りつけてくる。温度計に目をやれば、すでに40℃

ケニアに入り、イミグレーションまで砂海の道なき道を歩く。

を超えていた。あまりの暑さにイミグレーションから一歩も動くことができない。建物の陰でじっと休んでいたが、熱風が体力を奪い、すわっているだけで体力は消耗していった。

たまらず横になろうとしたとき、地面を這う生物に気がついた。両前脚にはさみ、反り曲がった尾に毒針をもつサソリである。不気味に動くサソリを前に背筋がぞくぞくとした。無防備に地面に横たわるのが自殺行為であることは明らかだった。まったく昼寝どころでない。

イミグレーションで6時間も休んだというのに、長時間熱風を浴びた身体はぐったりと重く、深い砂の道に苦しんだ。「今夜はここに泊まるといい」と教えられた、数キロ先の教会に辿り着くことすらできなかった。

翌朝、目を覚ますとテント内に数匹の蚊がいて、手で叩くと真っ赤な血が手のひらに飛び散った。地中の

暑さのため横になろうとしたら、地面にはサソリがいた。

途中の教会で水を分けてもらった。

熱で蒸し焼きにされるかのような寝苦しい夜だったので、テントの入り口を開けたまま眠っていたのだ。周囲になにもない砂漠なので問題ないだろうという油断があった。すでにマラリア流行地域に足を踏み入れている。マラリアの予防薬は服用しているが、蚊に刺されないことが最大の予防であるのは間違いない。蚊にサソリ。一瞬でも気を抜けば簡単にやられてしまう。

30分歩いて教会に到着した。わずか30分だが、昨日はこの30分を歩くことができなかった。ペットボトル3本に水を分けてもらい、再び歩き始めると軍の車が停車した。任務の交代なのか、多くの兵士が荷台に乗っている。

「次の町までどれくらい離れている？」

助手席にすわった男に聞くと、「30キロだ」と教えられた。舗装路なら6時間で歩ける距離だが、前日以上に砂が深かった。足を進めるたびにくるぶしのあたりまで「ずぼっ」と砂中に沈み込む。腕と足に思い切り力を入れないと前へ進むことができない。そして今日も「ひと仕事するか」と言わんばかりに、太陽は空高く昇り始めた。

悪路か酷暑、いずれかひとつだけならなんとかなるが、ふたつの相乗効果が身体へ及ぼす影響は計り知れない。やはり、ここを歩き抜くには太陽の出ていない時間に歩くしかないだろう。まだ10時にもなっていなかったが、早々に歩行を中断して木陰に逃げ込んだ。

窒息するかのような重苦しい暑さが身体を圧迫する。木の下にシートを敷いて横になれば、太陽が動くのに合わせて影も動き、その都度シートを移動させる。そんなことを地道に繰り返しながら、なぜ俺はこんなにもきつい徒歩の旅を自ら好んでやっているのだろうかと自問した。

「なぜ歩くのか?」と聞かれたとき、登山家ジョージ・マロリーの名言を引用して「そこに道があるからだ」などと言うつもりはない。むしろ今は道などなく、うっすらとした轍があるだけなのだ。私の旅に崇高な目的などなく、心にあるのは、目指すと決めた場所まで絶対に歩き抜くのだという信念。それだけだった。

しかし「歩く」と「登る」の違いこそあれ、登山に通じるものがあるのは確かだ。目的地に達したときの感情は、山頂に達したときに得られる達成感と酷似している。その過程で砂漠や山が立ちはだかり、困難が大きければ大きいほど、ずっしりと重い手ごたえを得られるはずだ。

ここも、まさに困難で過酷な場所だった。この猛暑の中を歩き続けることはできるのだろうか。この地で息絶えてしまうのではないかと半ば真剣に考える。車に乗ってしまえば楽だけど、私にも意地がある。意地を貫いた結果、死んでしまえば本末転倒だが、ギリギリまで粘ってみようではないか。

朦朧とする頭でそんなことを考えていたら、ヤギの群れを放牧するトゥルカナ族の男たちが横切っていった。手をあげて挨拶をすると彼らも同じように返してくれたが、中には銃を手にして武装した男もいる。ぐったりと倒れて身動きできない私とは対照的に、軽快な足どりで去っていった。

「なぜ、こんな過酷な場所で暮らしているのか? ここで生まれ育った彼らにとって、この暑さは日常的なものなのだろうか? この暑さが苦にならないのか……」

太陽が西へ傾くまでの8時間、私は一歩も動くことができなかった。再び歩き始めるが、やはりなにもしていないのに体力の消耗が大きく、わずか30分で力尽き、トゥルカナの大地に倒れ込んだ。

暑さで何度も目を覚ました。身体が熱を帯び、口から漏れる息も熱い。できることなら、冷水に入って身体の熱を冷ましたい。ねっとりとした体内の熱を放出したいが、どうすることもできなかった。寝苦しくて何度も寝返りを打つ。狂おしい熱帯夜だ。


ここ数日の経験から、日中の灼熱地獄の中を歩くことはできないだろうと判断し、翌朝は3時から歩き始めた。

月明かりが砂漠を青白く照らしている。相変わらず砂は深く、体調が万全でないため一歩一歩がとても重い。30分歩くたびに地面にへたり込んだ。どんどんと減っていく水のボトルを見て、不安が膨らんでいく。この水が尽きる前に町へ辿り着けるだろうか……。

やがて前方に小さな光が見えたときは救われた気持ちになった。通りがかった人に声をかける。「あそこへ行けばなにか飲めますか?」

「イエス」という答えにほっとしたのか、身体から力が抜け落ち、地面にへなへなとすわり込んだ。

光を目指して歩き続けた先にあったのは、小さな警察署だった。銃を手にした警官が訝《いぶか》しげにこちらを眺めている。

「警察署の敷地内にテントを張って休ませてもらえませんか」

エジプトから歩いてきたこと、ロドワルを目指していること、暑さにやられて体調がよくないこと……など、矢継ぎ早に説明すれば、警官は滞在することを許可してくれた。

ここロワレンガクに見どころは特にないが、ひときわ目を引いたのはトゥルカナ族の女性だった。シャンガと呼ばれる彩り豊かな首飾りを幾重も身につけている。

タイやミャンマーで暮らす首長のカレン族は、首に真鍮《しんちゅう》のリングをつけているが、トゥルカナ族の女性もそれと同じくらいの首飾りをつけており、見るからに重く、肩こりに悩まされそうだ。身体には東アフリカを思の布であるカンガを巻いている。陽気なアフリカを思

ロワレンガクで出会ったトゥルカナ族の女性。シャンガと呼ばれる首飾りを多数身につけている。

わせるカラフルな柄だ。

ロワレンガクは、数軒の商店と小さな食堂があるだけの町だった。商店では、鉄格子越しの店主にお金をわたして商品を受け取る。見るからに治安の悪い国という雰囲気が漂っている。実際、ここでも前夜に銃の発砲騒ぎがあり、犯人の男が捕まっていた。

この先いかに暑さをしのいで歩くか、警官のオローに相談すると「こういう発砲事件もあるから、深夜の歩行は安全ではない。うーん、そうだね、4時くらいなら大丈夫だろう」と彼は言った。

オローの好意に甘え、警察署では水浴びをさせてもらい、昼食をごちそうになった。米に豆が添えられたシンプルなものだが、いつもより美味しく感じられたのは、久々に戻ってきた米文化の国だからかもしれない。

トゥルカナ湖から近い町なので漁業で生計を立てている人も多く、行商人が警察署にやってきた。数匹の魚を買ったオローは炭で焼き、焼き魚とウガリが載ったお皿をわたしてくれた。シンプルに塩で味つけされた魚はもちろん、初めて口にしたウガリもなかなか美味しい。

ウガリは、トウモロコシの粉を茹《ゆ》でて練り上げたケニアの主食だ。色は白く、弾力があって、やや重いので空腹感を満たしてくれる。じっくり咀嚼《そしゃく》すれば、トウモロコシ独特の風味が感じられる。

「この地域で雨が降

オローが振る舞ってくれた焼き魚とウガリ。

とてもお世話になったロワレンガク警察の警官オロー（中）と。

るのは年に一度だけ。一年中猛暑が続くよ」ウガリを右手で器用にすくいながら、オローは言った。西部のキスム出身である彼は、ここへ赴任して2年になるという。

警察署にはテレビもインターネットもない。それ以前に電気すらない環境なのだが、こんなにも暑く、娯楽のない土地に2年か……。想像しただけでぞっとしてしまう。

唖然とした表情を見せた私に対し、「こいつなんて4年だよ」ともうひとりの同僚を指差して笑った。

「4年も！」その言葉に驚き、大粒の唾を飛ばして思わず叫んでしまった。彼らは治安を維持する警察に違いないが、一刻も早くここから脱したい私からしてみれば、流罪に処せられた罪人にも思えた。ロワレンガクは、まさに砂の海にポツンと浮かぶ島なのである。

「君はどれくらい滞在したい？」

ニヤニヤとした笑みを浮かべて尋ねるオローに、私は顔を引きつらせながら真剣に答えた。

「ノーセンキュー（私はけっこうです）」。

◎21◎ 危険地帯を越えて

オローの助言に従い、4時から歩くつもりだったが、1時間早く目を覚ましたので、3時にロワレンガクを出発した。

警察署で10リットルの水を分けてもらい、さらに3リットルのミネラルウオーターを買った。13リットルの水が積まれたリヤカーはいつも以上に重く、三角筋に力が入る。次に警察署があるのは、60キロ先のカタボイらしい。そこでまた水の補給をするつもりだ。

ロワレンガクを出てからは交通量が増えた。増えたといっても数台のバイクとトラック程度であるが、ケニアに入ってから軍と警察の車しか見ていなかったので、久々に目にする一般車は新鮮だ。

すれ違う車を見て、運転席が右側にあることに気がついた。ケニアも日本同様に左側通行なのだろうかと思ったが、車線などない未舗装路では判断できない。

時折現れる集落では、遠い水場から水を抱えて持ち帰ってくる人たちの姿を目にした。別の場所では地元

地面に穴を掘って水を汲んでいる人々。水を得るのはたいへんなことなのだ。

民が地面に穴を掘り、そこにたまった水をすくっていた。蛇口をひねれば簡単に水が出てくる環境とは違い、わずかな水を得るにも時間と労力を要する。

そんな姿を目の当たりにすれば、コップ1杯の水すら無駄にすることはできないし、軽々しく「水をください」と言うこともできない。しかし歩き抜くため、生きていくうえでも必要な水である。カタボイの警察署、カラコルの教会で水を分けてもらった。

ロワレンガクからカラコルへの2日間は相変わらずの酷暑が続いた。暑い時間帯は、日陰で昼寝をする人の横で一緒に休ませてもらったが、不思議なもので、カラコル周辺まで来たら日中であっても過ごしやすくなった。日差しは弱まり、上空をうっすらと雲が覆い、時折太陽が雲に隠れる。

ロドワルに着いたのは、ロワレンガクを発ってから4日目のことだった。砂漠には存在しなかった電柱が現れた。文明社会に戻ってきたことを強く実感し、歓喜の熱が全身を通り抜けた。

エチオピア南部からここまで炎天下の悪路が続き、疲労がたまっていたので1日の休養をとった。小さな町だが、商店やレストランは多く、どこにでも冷蔵庫があるという夢のような環境だ。

ロドワル滞在中は同じレストランに通いつめた。ケニアにはミルクティーを飲む文化があり、それを飲みながらマンタジという揚げパンを朝食に食べることが日課になった。甘く濃厚なミルクティーが身体の隅々まで浸透し、朝の気怠さを優しく取り除いてくれる。食事は米の上に盛られた豆の煮込みが美味しい。この国の食文化が自分好みであることを改めて確信する。

暑さと悪路に苦しんだトゥルカナ湖西岸という難所

ロドワルのレストランで。ミルクティーを飲みながらマンタジ（揚げパン）を食べる。

を抜けたばかりだが、まだ安心することはできなかった。町外れにある警察署に足を運んだのは、治安状況について確認するためだ。

アフリカの中で最も危険な国のひとつがケニアであり、そのケニアの中でも特に北部は危険だった。この先のルートには、外務省からは「その地域への渡航はどのような目的であれ止《や》めてください」という渡航中止勧告が出ていた。

ケニア北東部では、ソマリアを拠点とするイスラム過激派組織アル・シャバブが活動し、テロ事件も発生している。アル・シャバブがここまでやって来る可能性もあるが、それ以上に気をつけるべきはポコット族である。名前は可愛らしいが、私がいるトゥルカナ郡南部では、武装したポコット族による襲撃事件がたびたび発生しているらしい。警察署では、銃を構える仕草を見せながら「数か月前、ポコット族の襲撃を受け、警察官が20人以上殺されたよ」と教えられた。

ロワレンガクのオローやこの地の宿の主人、知り合った人たちにも、このあたりの治安について尋ねたが「デンジャラス」以外の答えは返ってこなかった。

米の上に豆と肉の煮込みが載っている。

なにより安全を重視し、バスを使うことに対しても割り切っていたつもりだった。しかし、いざその状況に直面してみれば、やはり、もやもやとしたすっきりしない感情が心の大部分を支配した。

これまで4万5000キロを歩いてきたが、治安を理由に車を使ったことは一度もない。歩行が禁止されている国境で車に乗せられた以外は、すべて自分の足だけで歩き抜いてきた。それだけに歩きたいという思いは強いのだが、やはりここは現地警察、外務省の指示に従うべきだと考えた。この区間を歩いてなにも起こらない可能性はもちろんあるが、意地を張り、リスクを冒す必要はなかった。

町のメインストリートには4社くらいのバス会社が

治安が悪いためロドワルからキタレまではバスに乗った。
ユーラシア大陸横断など4万5000キロを歩いてきて、
治安を理由に車を利用したのは初めてのことだった。

並び、それぞれチケットを販売している。料金はどこも同じで、キタレまで1500シリング（2000円）である。危険地帯なら日中の明るい時間に通り抜けたほうがいいだろうと思うのだが、バスは18時発の夜行だった。

次から次へと景色が流れていく。時速5キロのスピードから見るのと違って、車窓に映る風景は、薄膜のフィルターがかかったようにぼんやりとしていた。

明け方、窓から冷たい空気が流れ込み、目を覚ました。窓を閉めても振動により少しずつ窓が開き、そしてまた閉めるを繰り返す。Tシャツ1枚では厳しい寒さだ。高度を確認すれば500メートルだったロドワルから2000メートルまで上昇していた。

キタレには予定より1時間遅れの6時に到着した。治安が心配なので、明るくなるまでバスターミナルに待機した後、街の中心へ向かい投宿した。

キタレは、西のエルゴン山と東のチェランガニ山地に挟まれた標高2100メートルの街だ。朝の街を歩けば、ネクタイ姿のビジネスマンとすれ違い、カフェではコーヒーカップ片手に新聞を広げている人が多い。ほんの少し前まで、上半身裸の民族が暮らす場所にいたこともあってか、世界が一変したことに戸惑ってしまう。

ロドワルでは久々に文明社会へと戻っていたが、インターネット環境は劣悪だった。世間からは、エチオピア南部に入って以来音信が途絶えたままで、未だ消息不明な状態である。

3週間振りにメールをチェックすると、数週間の音信不通ごときでは動じなくなった家族からのメールはなかったが、ナイロビの日本大使館と共同通信社のナイロビ支局から安否確認のメールが入っていた。

キタレの人口は約10万人。ケニアの人口上位10都市から漏れる規模の街だが、大型スーパーは食料品から生活雑貨まで品揃えは豊富で、さすがは東アフリカ一の経済大国だと唸《うな》らされる。目を輝かせた私は店内を何周も徘徊した。

トゥルカナ湖岸で暮らす僻地《へきち》の子どもであっても、学校の制服を着ていたし、私が考えていた以上にしっかりした国であるようだ。これまで歩いてきた国々との相違点も多く、見るものすべてが新鮮でおもしろい。人々は親切で食事も美味しく、英語も通じるし、なかなかよい国である。

「よし、これからケニアを楽しむぞ」と高らかに宣言したいところだが、キタレからウガンダ国境へは120キロ、頑張れば2日で歩ける距離であり、早くも終盤戦へと突入するのであった。

◎22◎ 雨のケニア

子どもたちの下校と重なってしまい、路上は多くの子どもで溢れていた。エチオピアなら頭を抱えたくなる展開だが、ケニアの子どもは「ユーユー」と口にすることはなく、お金を求めることも集団で追跡することもないし、石が投げられることなどもちろんない。

エチオピアでは大きなストレスであり、天敵だった子どもだが、ケニアではいたって平穏な心を保っている。なぜエチオピアの子どもたちは、あんなにも特殊だったのか。その理由は今でもわからない。執拗《しつよう》に追いかけられ、投石を受けた日々を思い出すだけで心臓が激しく波打ち、心が乱れてしまう。

ケニアの子どもに関して特筆すべきことはないが、発育がよくて、女の子の体躯《たいく》もがっちりとしている。男女とも頭を短く刈り上げており、クリクリして可愛いらしい。

日没前にウェブイエという町に到着した。いくつかの宿で料金を尋ねるが、1泊30ドルは高すぎる。「安い宿はありませんか?」と地元民に聞けば、「安い宿はセキュリティが万全ではないよ」と安全面の大切さについて力説された。

「キタレから南の治安は問題ない」と聞いていたが、やはりケニアは危ないのかと不安を感じるも、なんとか3ドルの安宿を見つけた。とりあえず屋根壁に守られた最低限のセキュリティがあれば十分なのだ。

ケニアでの不満を挙げるなら、あまりよろしくない治安。そして約1・5ドルというビールの値段である。エチオピアではコーラと値段が変わらないので常にビールを飲んでいたが、ケニアではコーラの5倍もするので割高に感じる。

さらにもうひとつ。肖像画がすべて同じ紙幣だろうか。ケニアの紙幣には初代首相ジョモ・ケニヤッタが描かれている。額面によって喜怒哀楽さまざまな表情を見せてくれるならわかりやすいが、まったく同じ表情をしている。この国に慣れるまで、お金を払うときは念入りに確認する必要があり、面倒だ。

レモネードを飲んで休憩していたら強い風が吹き、空を見上げるとどんよりとした厚い雲に覆われていた。「雨が降るぞ」と商店の主人は呟いた。ウガンダと国境を接するマラバは目の前だったので、そのまま歩き始める。しかし、腕にポツポツと雨粒を感じ、懐かしい雨のにおいが漂い始めた。

エジプトのアレクサンドリアを発って以来、歩行中に雨に見舞われたことは一度もない。そのため雨具の出番もなく、最も取り出しにくい場所に収納されている。そろそろ荷物の上部に移動させないといけないなと思った。

ケニアの紙幣。どの額面も同じ肖像画で不便を感じた。

乾いた腕に落ちる雨粒が気持ちよく、久々の雨を楽しんでいたが、次第に雨脚は強まり、地面は黒く染まっていく。あっという間に服は濡れ、早足で避難場所を探し歩いた。

民家の軒先で雨宿りする人の姿があったので、そこに逃げ込むと、その後2台の自転車とバイクも同じようにやってきた。果敢にも、雨に打たれながらバイクや自転車で行き来する人が目の前を通過していき、茶色い水たまりが大きくなっていく様をぼんやりと眺める。皆、押し黙り、一定のリズムでトタン屋根を叩く雨音だけが響いていた。

アフリカの地を踏んで以来、
初めての雨に見舞われた。

トゥルカナ湖西岸では、日中の暑さを避けるため夜明け前から歩いた。

ウガンダ

2015年2月19日~3月23日

◎23◎ ウガンダ入国

ケニアのウェブイエから2日歩き、マラバ国境を越えてウガンダに入国した。ウガンダを歩き始めると、瑞々しい水田が一面に広がっていた。緑の平原は風に揺れ、青々とした爽やかな香りが空気に溶け込んでいる。白い雲が青空を優雅にさまよい、放牧へ向かう牛が長い列をつくって歩いていた。素朴な茅葺《かやぶ》きの家からは子どもたちが出てきて、大きく手を振っている。

ウガンダの景色は色彩豊かで、どこかの美術館で観た印象派の絵のようだった。大自然というキャンバスにたくさんの色で描かれた風景は、アフリカの原風景のようである。

長らく砂の海を泳いでいたからか、自然が彩るひとつひとつの色が優しく感じられ、疲弊した心が癒されていく感覚があった。すぐに「この国の景色が好きだ」と直感した。

ウガンダ初日は、国境から十数キロ離れたトロロまで歩いた。ウガンダ通貨のシリングを持っていなかったので銀行へ向かう。今の時代、アフリカであってもたいていの町にはATMがあり、国際キャッシュカードを使って現地通貨を引き出すことができる。

ケニアシリングは1ドル90シリングだったが、ウガンダシリングは1ドル2800シリング。30倍も数字が大きくなり、頭が混乱してしまう。だからなのか、計算ミスをしてしまい、40万シリングを引き出すつもりが、誤って4万シリングと打ち込んでしまった。400万と打たなかっただけましだが、桁の大きさに慣れるには少し時間がかかりそうだ。

商店でなにを買うにも金網越しに商品をわたされていたケニアから来れば、平和な空気が満ちていて、夜明け前からの歩行も怖くない。

サイレンを鳴らして走る救急車のために路肩に車を停車させ、道を譲る光景を見たときは、この国の教養とモラルの高さを感じた。日本では当たり前のことでも、それができない国は少なくないのだ。ケニアと同じく新聞がどこでも売られ、その購読率と教養レベルは比例するのかもしれない。

ウガンダの公共交通機関の代表格である乗り合いバスは「マタツ」と呼ばれ、そのすべてがトヨタのハイエースである。日本から運ばれてきた中古車が多く、車体に企業名などが日本語で書かれたハイエースがウガンダ中を走り回っている。大人のウガンダ人がちょこんとすわる幼稚園の送迎バスはとてもシュールだ。

　車体に日本語が書かれたハイエースは日本で走っていたことを意味し、紛れもない日本製ということで、一種のステータスになっている。日本風に見せようと、ウガンダ人が自ら車体に日本語らしき解読困難な文字を書いた、偽装日本車もあるくらいだ。


　新しい国を歩き始めれば、物価の把握からテント設営場所の探し方まで、その国でのリズムが確立されていく。

　ケニアではミルクティーから一日が始まったように、ウガンダでもそれが継続されていくものと思われた。ケニアの隣国で、かつてはイギリスの統治下にあったなど共通点はいくつかあるが、ウガンダで「ティー」と注文して、出てくるのは残念ながらストレートティーだった。

　ケニアと同じく米は広く食べられ、ウガリはポショと呼び名が変わった。しかし、ある日に立ち寄った食堂にはマトケしかなかった。マトケは、緑色のバナナを蒸して潰したもので、主食のひとつである。ウガンダはバナナの産地であり、バナナを大量に積んだトラック、自転車や頭にバナナを載せて歩く人をよく目にする。

　バナナが主食と聞けば、果物としてのバナナしか知らない日本人の頭に疑問符が浮かぶはずだが、ねっとりとした食感で、バナナというよりスイートポテトのようだ。


　鬱蒼とした森の中を歩いていた昼下がり、後方からやってくる自転車に気づいた。ウガンダで自転車は一般大衆にも普及しており、小さな村であっても自転車修理屋があるし、決して珍しくはない。しかし、追い抜きざまにこちらを振り返ったのは、ウガンダ人ではなく白人で、荷物満載の2台の自転車だった。スーダン以来3か月振り、アフリカで出会う2組目のサイクリストだった。

　エジプト・カイロからアフリカの旅を開始したというスイス人カップルで、目指す先はもちろんケープタウンだ。アフリカという未知の大陸を人力で旅する人を見れば、たとえ初対面であっても、同志のような仲間意識が芽生えてしまう。

　彼らもまた、エチオピアからトゥルカナ湖ルートを走ってきた強者だった。国境で、「カートを引いて歩いている日本人がいた」と教えられたらしい。会話をいくつか重ね、話題は入国スタンプがないケニアのイミグレーションのことへと移った。

「入国スタンプがないなんて、まったく信じられないよね」

「あんな国境は初めてだよ」

　彼らもロドワルからキタレまでバス移動した後、エルドレッドのイミグレーションオフィスへ行き、事情

ウガンダの主食のひとつであるマトケ。

アフリカで出会った2組目のサイクリスト。
スイス人カップルで、私と同じトゥルカナ湖西岸を走ってきたという。

を説明して入国スタンプを押してもらったらしい。ご苦労様でしたとしか言えない。

「それで君はどうしたの？」と彼らは聞いてきた。

「えっ俺？　そういえばどうしたっけ……」

「入国スタンプがない」という信じられない言葉から始まったケニアの旅だったが、どれだけ記憶を遡っても、入国スタンプをもらうためにほかの国境へ行ったり、イミグレーションに出頭したりしたときの情景が頭に浮かばなかった。一体どういうことなのだろう。自分のことながら困惑してしまう。そして、ひとつの結論に行き着いた。

「えっ……、もしかして……」

入国スタンプが押されていないことなど、すっかり忘れていたのである。そのままケニアを出国したわけだが、どうやらイミグレーションの職員も気づかなかったらしい。

問題が生じることも、賄賂を求められることもなく、「ドンッ」と出国スタンプがパスポートに押され、「よい旅を」と笑顔で見送られていた。

この緩さがアフリカらしいと思う反面、ケニアよ、ほんとうにこれでいいのかと私は苦笑いを浮かべた。

24 ナイル源流から赤道へ

ナイル川といえばエジプトの川というイメージが強いが、ウガンダのジンジャにナイル川（ヴィクトリア・ナイル川＝白ナイル川）の源流がある。ヴィクトリア湖から流れ出す水は3か月をかけてナイル川を北上し、地中海に注ぐという。

今まさに旅立っていく川の流れを目にすれば、私の旅路と重なり、淡い感動で胸が「じわっ」と温かくなった。たまらず手を川面に入れれば、ひんやりとした感覚と力強い流れが

ジンジャにある、ここがナイル川の源流であることを示す碑。

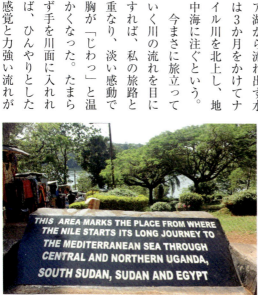

肌を通して伝わってきた。

ナイル川の源流があるからか、ウガンダにはナイルスペシャルというビールがある。ヴィクトリア湖のほとりで醸造されたウガンダ産のビールだ。暑さも相まって、よく冷えたナイルスペシャルが五臓六腑《ごぞうろっぷ》に染みわたり、最高に美味しい。アフリカ大陸で最も好きなビールだった。

赤道直下なので日中は刺すような日差しが照りつける。商店の冷蔵庫にコーラが見えるたびに、無意識のまま引き寄せられた。

地元民が小さなビニール袋に入った水を飲んでいるのを頻繁に目にしたが、コーラが陳列された冷蔵庫には置かれていない。白い業務用冷蔵庫が店の奥にあれば、高確率でこの水が手に入るとわかった。ミネラルウオーターではないけれど、ジュースやミネラルウオーターの10分の1の値段だ。よく冷えているし、5円もしないのでお得である。

ウガンダ産のビール「ナイルスペシャル」。アフリカ大陸でいちばん好きだったビールだ。

ミニバスの大渋滞に巻き込まれながら、人口150万人の首都カンパラに到着した。ボダボダと呼ばれるバイクタクシーが多く、排ガスを撒き散らしながら縦横無尽に行き交っている。インドネシアやベトナムなど、バイクが庶民の足として定着している国では強い熱を感じ街が息づいていたが、カンパラも然《しか》りだ。

ウガンダのバイクにルールなど存在せず、ヘルメットをかぶっている人は多くない。3人乗りは当たり前で、4人乗りまで見かける。たくさんの人で溢れ、タクシーパークというミニバスの発着所は無数のバスで埋め尽くされている。無秩序な喧騒に包まれ、血が滾《たぎ》るような弾けんばかりのエネルギーが肌を通して伝わってくる。

カンパラでの投宿先は地元民向けの安宿だった。個室にもかかわらずキャンプ場でテントを張るよりも安いし、ダウンタウンのど真ん中という立地だ。旅行者はひとりもおらず、長期滞在している行商ウガンダ人が大量の商品とともに暮らし、廊下ではネイルアートで商売する人が仕事をし、カオスな世界が広がっている。

混沌《こんとん》とする首都カンパラを発ち、ウガンダを南下していく。2日後、バナナが鬱蒼と茂る、カヤブウェ近郊の田舎道で、路上に引かれた線に気づいた。道の脇には地球をイメージした円形のモニュメントがあり、「EQUATOR」と書かれていた。赤道である。

モニュメントと路上に線が引かれている以外、特におもしろいものはない。写真を数枚撮り、赤道を越えたという事実を記録する。最低限の用事を済ませて、さっさと立ち去ろうとしたら、モニュメントの裏にレストランがあるのに気づいた。

その名も「UGANDA EQUATOR LINE RESTAU-RANT」。和訳すれば「ウガンダ赤道レストラン」と、なんのひねりもない店名である。店主が自ら描いた黄色い線がモニュメントからレストランの中まで伸びており、なかなかおもしろい趣向だ。

赤道ではさまざまな不思議な現象が起きることで知られている。赤道上は重力が真上からはたらくと言われており、いとも簡単に釘の上に卵が立つという。赤道直下だと力が入らなくなり、体重も約1キロ軽くなる。赤道上で目を瞑《つぶ》って真っすぐ歩こうとしても、なんらかの力を感じ、真っすぐ歩くことができないらしい。

もうひとつは水の渦である。洗面台に溜まった水を排水するとき、北半球では反時計回りの渦を描き、南半球では時計回りの渦を描くが、赤道上で渦はできないという。この現象は、地球の自転による「コリオリの力」がはたらかないためだ。北半球と南半球では台

カヤブウェ近郊の田舎道に引かれた線。
これが赤道だ。

風の渦の回転方向も逆になるが、赤道直下では台風も発生しない。

　この場を借りて実験の成果を発表したいところだが、赤道まで来たものの、そんな実験は一切しておらず、残念ながら真相は闇の中だ。

　それよりも赤道レストランなのである。中に入ってまず考えるべきは、「なにを飲もうかしら」なんてつまらないことではない。ここでは「北半球、南半球、どちらにすわろうか」という、赤道ならではの悩みを楽しむことができるのだ。とても悩ましいところだが、熟考を重ねた結果、店内に引かれた線の上、北半球と南半球に跨がってすわった。「まさに赤道を股にかける男なのだ」と、レモネードを飲みながらニヤリと笑った。

　赤道を越えて南半球に入った後、さらに3日歩き、私は小さな学校に辿り着いた。

◎25◎ウガンダの小さな学校「ニュートピア」

「幸せなら手をたたこう♪」

タンザニア国境に近いウガンダ・ラカイ県カクト村で、子どもたちの歌声が響いていた。子どもたちを温かな眼差しで見守っているのは菊本《きくもと》嘉一《かいち》さん。ここを訪れるボランティアは、「カマウさん」とスワヒリ語の名前で彼を呼ぶ。

「今日は遅刻者が多いやろうね」

　灰色の厚い雲に覆われたある朝、空を見上げたカマウさんは呟いた。家に時計がないため、子どもたちは空の明るさで時間を判断するのだという。登校時に雨が降れば誰もやってこない。傘を持っていないからだ。

　1981年以来、日本とは大きく異なる環境のケニア、ウガンダで孤児院や学校を運営してきた。孤児院で育

「ニュートピア」の入り口を示す看板。

ニュートピアに入るや否や、大勢の子どもたちが集まってきた。

てた子どもは約５００人。ひとりの人間が人生を賭ければ、それだけの人数を養うことができるという現実に驚かされる。

現在は、同村で「ニュートピア」という学校と孤児院を運営している。両親をエイズで亡くした子どもなど、4歳から16歳まで約30人の子どもたちが共同生活を送っている。ニュートピアの門戸は旅行者にも開かれており、ボランティアとして訪れる旅行者も少なくない。

私は知人の日本人サイクリストを介してニュートピアのことを知った。ボランティアやアフリカの現実を知ること以上にカマウさんの生き方に興味をもち、ここを訪れることにしたのだ。

もともとカマウさんは大阪府の児童館で働いていて、「これこそ天職である」と子どもたちと過ごす日々の生

ニュートピアの時間割。

活に満足していた。しかし、ある日転機が訪れる。異動である。児童館は市営であり、カマウさんは公務員だったのだ。

その後、訪れたケニアが初めての海外旅行だった。今のように海外旅行が手軽なものではなく、勇気とお金が必要だった時代である。航空券は75万円だったという。

そして、公務員という安定した職を捨て、ケニアへ単身移住した。週末のスラム訪問からボランティアを始め、孤児院を設立。その後ウガンダへ移り、今に至っている。

ニュートピアがほかの孤児院と異なるのは、大々的な運営資金集めをしていない点に尽きる。自分がかかわったことのある人や信用のおける人からの寄付しか受けつけないという。「モノや金による援助は依存心を起こさせ、心を堕落させる」という考えから、日本への出稼ぎを繰り返し、運営資金を賄ってきた。

「それがぼくの信念。子どもたちに親父の背中を見せたい」カマウさんは優しく微笑んだ。

年間の運営資金は約100万円。カマウさんは自分がいなくなった後のことを見据え、子どもたちが自立、運営できるように農作物を作り、家畜を育てている。それだけでは資金を賄うことができない現状だが、子どもたちは自分の力で生きていく術《すべ》を身につけている。

「私たちがいなくなっても大丈夫。子どもたちは生き抜いていける」カマウさんの妻であり、校長のシルビアさんの言葉は力強かった。

朝5時半、闇の中に起床を告げる鐘の音が響きわたった。掃き掃除に雑巾がけ、水汲み、朝食の準備など、子どもたちは各々の役割をてきぱきとこなしていき、「ボランティア」という名目でここに滞在している私が入り込む余地はない。

7時に朝食をとる。朝食といっても、トウモロコシの粉でつくられたポリッジというオートミールだけだ。米やパンですら贅沢品なので、めったに食べることができない。私がここへ来た日、子どもたちに数斤の食パンを差し入れたが、ひとり1枚の食パンを口にした子どもたちは、目を輝かせながら「美味しいパンをありがとう」と感謝の気持ちを口にした。

朝礼では日本語で「幸せなら手をたたこう」を歌う。「幸せなら足鳴らそう」「幸せならハグしよう」歌詞に合わせて足を鳴らし、隣の子と抱き合う。言葉はわからずとも、子どもたちはこの歌の楽しさを、体を使って目一杯表現する。その場にいる私たちも、朝から元気な気分にさせられる。

子どもたちは、「正直」「努力」「責任」というニュートピア三大原則を大声で唱える。アフリカが発展していくうえで不可欠なものだからこそ、カマウさんは教育を通して子どもたちに教え、身につけさせたいのだろう。

「ニュートピアは新しいウガンダをつくっていきます」最後に力強く宣言し、天に向かって拳を突き上げて、新たな一日が始まる。

「アフリカを変えていく人材を育てたい」カマウさんはことあるごとにそう口にした。

約200人の子どもたちがニュートピアで学んでいる。ニュートピアの授業は英語、算数、国語（ルガン

きちんと整列して朝礼が始まる。

ある授業の風景。子どもたちは先生の話に聞き入っている。

ダ語)、体育、音楽など日本の学校と変わらない。

先生の数は十分とはいえずギリギリだ。猫の手ならぬ旅行者の手も借りたい状況で、私は主に体育と水汲みの授業を手伝った。水汲みは水道環境がないニュートピアならではの授業だ。授業というよりは作業。その言葉に偽りなく、皆で井戸へ行き水を汲む。私はなにを教えるでもなく、引率しているだけだ。

水の入ったタンクを頭に抱え、ずらりと列を成す様は、アフリカならではの光景かもしれない。ウガンダの大地に歌声と笑い声が響きわたり、子どもたちは水汲みという労働も楽しみながら行う。

屋外での体育の授業。

ポリッジ(トウモロコシ粉でできたオートミール)をもらうために並ぶ子どもたち。

昼食。小魚スープとポショが定番だ。

ニュートピアは、ウガンダ政府から貸与された120エーカー（約15万坪）の土地を活用している。東京ドーム10個分という広大な敷地だ。この敷地を贅沢に使って体育の授業が行われる。ボールを使ったものから、馬跳びや手押し車など、私が日本で経験した運動も交えた授業だ。

孤児院の子どもたちには温かい食事が3食提供される。昼、夕食は豆の煮込み、小魚スープ、ピーナッツをペースト状にした料理が日替わりで1品、それに主食のポショがつく。

肉を食べられるのはクリスマスなど特別な日に限られる。育ち盛りの子どもたちに十分な栄養が行きわたっているとは言い難いが、温かなものを食べられるだけでたいへんなことなのだ。

家から通学する子どもの弁当を覗けば、あまりのひ

カマウさんの授業。
次々に子どもたちに囲まれる。

どさに言葉を失った。マトケやキャッサバイモを蒸したものが主だが、弁当箱の中を無数のアリが群れていたり、腐敗臭が鼻をついたりすることもあった。

「孤児院の子どもたちをかわいそうに思ったこともあるけど、温かな食事をとれる彼らのほうが幸せに思えます」私は率直な感想をカマウさんに伝えた。

するとカマウさんは苦々しい表情を浮かべ「ほんとうは給食が理想なんやけど、有料になるので賛同してくれた保護者はわずか4人だけだった。ウガンダ人の食に対する意識は低い。腹が満たされたらそれでよいという考えなんだ」と言った。

ニュートピアに通う子どもの家の多くは貧困層である。ある日、全校生徒の4分の1にあたる50人が欠席したことがあった。1学期分の授業料3・5ドルが未納の生徒は帰らせていたからだ。保護者に催促の連絡をしようにも彼らの家には電話がない。

カマウさん夫婦以外に3人の先生がいて、皆住み込みで働いている。3食付ではあるが月給は60数ドル。それがこの国の賃金水準だ。

先生の指導について、「お客さん」の私があれこれ言う資格はないが、驚かされることはたびたびあった。

男の子に石を投げられた女の子が泣き出したことがあった。それを知った若い男の先生は男の子の頭を叩いた後、「殴り返せ」と女の子に指示した。目を赤く腫《は》らした女の子は口を真一文字に結び、渾身《こんしん》の一撃を彼の頬へ打ち込んだ。さらにもう一発、続けてもう一発……。倍返しどころではない。世界史の授業で「目には目を歯には歯を」のハンムラビ法典を習ったが、まさに、身をもってその言葉を教えているかのようだ。

遅刻をした子どもは朝礼のとき、リーダーの子どもに木の鞭でお尻をぶたれる。悪いことをすれば先生は容赦なく手をあげて罰を与える。

日本の文部科学省の役人が知れば青ざめてしまいそうな指導が日々見られる。体罰問題にモンスターペアレンツ、新聞の社会面を飾るであろう単語が次々に頭に浮かぶ。日本なら懲戒免職、訴訟沙汰になりかねないが、ここはアフリカである。たとえよその子どもであっても、悪いことをして殴られるのは珍しいことではない。

しかしその一方で、涙を流す子どもを優しく抱きしめる先生の姿もあり、大きな愛情を子どもたちに注いでいた。

ある日、突然女の子が鼻血を出したが、私にはどうすることもできず先生を呼んだ。ティッシュペーパーはないし、小さな子どもなので、英語で意思疎通を図れなかったからだ。それに、なにより怖かったのはエイズだった。

子どもとはいえ、ここはエイズ患者の多いアフリカなのだ。他人の血に触るべきではないと思う一方で、躊躇なく女の子の血を拭う先生の姿を見て、もどかしさを覚えた。

ちなみに、ニュートピアのあるラカイ県はウガンダで初めてエイズの症例が見つかった地域だ。１９９０年代前半には感染率が20パーセントを超えた。合計特殊出生率は約５・５人と世界的に見て高い水準にあるが、平均寿命は60歳と低い。エイズという問題もあるが、満足に栄養が与えられず、感染症などに対する抵抗力がつけられずに死んでしまう子どもが多いのだ。ユニセフによれば、ウガンダにおける５歳未満児の死亡率は５パーセント強である。

マラリアに罹る子どもも多く、大人のカマウさんですら数えきれないくらいに罹ったらしい。マラリアはハマダラカを介して発症する病気だ。蚊に刺されないことが最大の予防策だが、皆が予防薬を服用するだけの金銭的余裕はなく、蚊帳を使うだけで完全に防ぐのは難しい。

初期段階でしっかりと対処すれば問題なく治るので、マラリアの疑いがある子どもにはすぐに薬を飲ませているが、私が滞在中、いちばん幼い子どもと先生がマラリアに罹って入院した。

栄養が十分でない子どもたちはすぐに発症し、最悪死に至ることもある。そんな危険と隣り合わせに生きるアフリカの現実がここにはあった。

「アフリカに来てからの30年で、人々の暮らしはどう変化しましたか？」私はカマウさんに聞いた。

カマウさんは「富裕層はスマートフォンや大型テレビなどを持ち、先進国と変わらない生活をしているけど、貧困層の生活はなにひとつ変わっていない」と言った。

30人の子どもを育てるニュートピアの生活も決して楽なものではない。コピー機などあるはずもなく、試験のテスト用紙はカーボン紙で複写して1枚1枚手作業で作る。鉛筆が折れればナイフで削る。なにか壊れたとき、なにか必要なものがあるときは「ここにあるもの」を使い、自分たちで修理し、作り上げていく。

ガスもないので、枯れ枝を集めて火をおこす。頻繁に停電があり、灯油ランプのおぼろげな明かりを頼りに過ごす夜も少なくない。

水浴びや洗濯、食器洗いの水は、近くの井戸まで何往復もして汲む毎日だ。雨が降り始めれば、子どもたちは濡れるのもかまわずにバケツやたらいを持って、右へ左へと動き回る。雨水が貯まれば重労働の水汲みから解放されるのだ。飲料水は1キロ離れた水場でしか得られない。学

飲料水をとる水場。
毎分2リットルしか出ないので、
とても時間がかかる。

川に水を汲みに行く子どもたち。これも立派な授業なのだ。

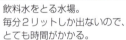

火をおこすための枯れ枝を集めてくる。

調理のために枯れ枝を使って火をおこす。これも子どもたちの仕事だ。

校が終わった後、ローレンスという子どもと一緒に、20リットルのタンクを4つ持って毎日水場へ向かった。

流量は毎分わずか2リットル、チョロチョロと流れる水は十分な供給能力がない。周辺で暮らす人にとっても貴重な水場なので、タンクを持った多くの人が列をつくる。順番待ちも含めて水汲みに2時間かかることは常であり、3時間を要することもあった。

大人たちは世間話をし、子どもたちは遊んでいたが、なにごとも効率化された社会で生きてきた私からしたら、耐え難い時間であった。生きるために必要な水とはいえ、水汲みに必要な毎日の数時間が無駄に思えてならなかったのだ。

この数時間があれば子どもたちは学ぶことができるし、大人も仕事ができるはずだ。こうしたひとつひとつの不便が、アフリカの発展を妨げている気がしてならない。私のような短期滞在ならまだしも、ここで暮らす人たちは一生のことなのである。

空が淡い赤黄色に染まった頃、80リットルの水を積んだ自転車を必死に押して歩いた。いつもリヤカーを引いている私でさえ苦労する重労働で、バランスを崩して何度も転倒した。

スイッチひとつで火がつき、明かりが灯《とも》り、蛇口をひねれば限りなく水が流れる世界では、これらを得るためにどれだけの労力、時間を要するか知る由もない。「あることが前提」の世界に戻ったとき、どれだけ自分を律することができるかわからないが、藪蚊《やぶか》に刺されながら待った3時間、子どもたちと運んだ80リットルの水の重さを、私は忘れることはないだろう。

ある夜、太鼓のリズムがどこからか聞こえてきた。その音に誘われて外へ出てみると、食堂で合唱の練習をする子どもたちの姿があった。とても美しく、心が洗われるかのような歌声だった。これを聴けただけでも、ここに留まり続けた価値があるというものだ。

最初は、子どもたちの名前を覚えるのにもひと苦労だったが、彼らと接していくうちにひとりひとりに個性があり、誰がどんな性格をしているのかがわかってきた。

正直なところ、子どもが好きというわけではないし、ボランティアに興味があるわけでもない。ここを訪れた最大の目的はカマウさんから話を聞くことだった。

ニュートピアは最低1週間からボランティアを受け入れている。強い信念や大志もなく、この程度の目的でここを訪れるのは不真面目な気がした。1週間も滞在できるのだろうかと不安を覚えていたが、気がつけば私は、20日もニュートピアで過ごしていた。

私がここを発つことなど、子どもたちが知るはずはないのに、それを察したかのように「ドント・ゴーバック・ジャパン（日本へ帰らないで）」とひとりの女の子が口にした。すると周りの子どもたちも呼応するかのように「ドント・ゴーバック」と言い始め、心が揺れた。しかし、私は歩かないといけないのだ。

ゆっくりと時速5キロで歩いている分、普通の旅行者よりもさらに深くアフリカに入り込んでいるつもりだった。しかし私が見てきたものは、ほんの一部でしかないことに気づかされた。ニュートピアでは新たなアフリカを肌で感じ、身体に刻んだ。そして「私はまだアフリカのことをなにも知らない」という現実を知った。

別れの朝、子どもたちは別れの歌を歌ってくれた。別れの切なさと優しさが調和した、美しい歌声を聞きながら子どもたちの顔を目に焼きつけた。

ニュートピアの子どもたちは、幼いながらもよく働いた。責任感をもって与えられた仕事をこなしていく姿は、とても頼もしかった。そんな姿は彼らを大人っぽく映したけど、大きな牛の群れと遭遇したとき、私の後ろに逃げ隠れて、慄《おのの》き、泣き出す姿を見て、やはり彼らは子どもなのだと気づかされた。歌い、踊り、遊び、子どもらしさを見せながら力強く生きていく子どもたちが大好きだった。

カマウさんから、最後に子どもたちに挨拶する機会を与えられた。

「ウガンダを、そしてアフリカを変えていけるように一生懸命勉強して、一生懸命働いて、一生懸命遊んでください」

「親父の背中を見て育った子どもたちがアフリカを変えていきますように」と願いながら私は小さな学校を後にした。

ニュートピアを発つ日、カマウさんや先生方、子どもたちと記念写真を撮る。

ニュートピアの外までリヤカーを押して見送ってくれた。

タンザニア

2015年3月23日～4月23日

26 雨季のタンザニア

当初は1週間の滞在予定だったニュートピアで20日間を過ごしたことで、時間に対する焦りが生じ始めた。アフリカ大陸縦断の最終地点、喜望峰に到着するのが遅れることを杞憂《きゆう》しているのではなく、私を悩ませているのは雨季である。

ヴィクトリア湖沿岸は、3月から6月が雨量の多い大雨季、11月から1月が少雨季だ。すでに3月半ばを過ぎていたが、今年は雨量が少なく、例年より遅れているとのことだった。

しかしニュートピアを去る頃になると、どんよりとした灰黒色の雲が空を覆い、雨が降る日が増え始めていた。雨季から逃れるべく、足早に南下するつもりだったが、ムトゥクラの国境を越えてタンザニアに入った途端、連日雨が続いた。どうやら雨季につかまってしまったらしい。

ウガンダでは朝方に降ることが多かったが、南下していくにつれ雨の時間も変わっていった。夕方に降ることが増えたが、明け方や午前中に降ったり、あるいは夜間に降ったり、タンザニアの雨は予測不能だ。

雨宿りをすれば、足を止めた分だけ歩行距離は短くなるし、テント泊が基本なので夜間に雨が降れば悲惨なことになる。雨季が私の旅に及ぼす影響はとても大きい。

数年前に東南アジアを歩いたときは、タイミングよく乾季を歩くことができたし、本格的な雨季を歩くのは今回が初めてである。

小さな集落にある商店の隣にテントを張らせてもらった日は雲ひとつなく、気持ちのよい青空が広がっていた。タンザニアに入ってからの17日間で雨が降らなかったのは2日目だった。

しかし翌朝、パラパラと雨がテントを叩き始めた。前日に雨を降らせることができなかった鬱憤を晴らすかのように、雨は次第に激しさを増していく。テントを叩く雨音も、まるで殴りかかるかのように大きく響き始めた。

スイッチが入ったかのように一瞬で目を覚まして、飛び起きた。濡れては困る寝袋やカメラを防水バッグの中に突っ込んでいく。さらにその上にバックパックを載せ、テント内が浸水したときに備える。防水バッグはカヌーなどウオーターアクティビティーで使われるものなので、防水性は抜群だ。一段落した後は、しばらく横になって、うとうとしていたが、底面に敷いたマットの濡れに気づき、テントが浸水したことを知った。

その後は雨具を着用して、美術館に展示された彫刻のように微動だにせず膝立ち状態。心配してようすを見にきた商店のおばさんが、「建物の中に入りなさい」と声をかけてくれるまで、姿勢を崩すことなく、寒さに震えながら憫然《びんぜん》たる時間を過ごしていたのだった。

滝のように空から落ちる強雨は、道路の両側に広がる荒野を水没させ、茶色い池に変えた。溢れ出した水が小渓流となって唸りながら勢いよく流れている。変わり果てた景色を前に、背筋を冷たいものが走った。昨日は商店横にテントを張らせてもらったが、ここで野営していたらどうなっていただろう……。

雨季といっても、雨が一日中降り続けることはない。たいていは3時間前後でやみ、それまでの雨が嘘だったかのように晴れわたる。そのタイミングで、濡れたテントをリヤカーの荷台に広げて干すのが、雨季のタンザニアでの日課だ。歩きながら乾かさないと、濡れたテントで不快な夜を過ごすことになってしまう。

空を見上げれば気持ちのよい青空が広がっているのに、背後から真っ黒な雲が迫っていることもある。不吉な雨雲に追いかけられると焦燥感が高まり、気休めにすぎないが早足で地面を駆ける。

なんとか雨雲につかまる前にルンゼウェという村に辿り着き、安宿に逃げ込んだ。宿代など無駄であるという考えからテント泊を好んでいるが、雨季のタンザニアでくだらない意地を貫くつもりはない。

ありがたいことにタンザニアの田舎には宿が多く、1泊3ドル前後と安かった。しかし、それ相応の宿である。電気はないので夜はろうそくを灯し、バケツシャワーで汗を流す毎日だ。

それでも、このような天候下で屋根と壁に守られた場所で眠るのは、子どもが母親に抱く安心感のような、言葉に余るほどの安らぎを覚えるのである。

猛烈な雨の中、私は屋根の下に避難したが、〝相棒〟はズブ濡れだ。

翌朝、朝食をとるために村を歩いていたら、見覚えあるものが目に入った。

「なんでこんなところにあるんだ」

視線の先には鉄鋳物の焼き器があった。ほどよく焼き色がついたものを鉄串でひっくり返していく様は、まさにたこ焼きだ。円形の焼き器には30個ほどの穴があき、そこに生地を流し込んでいる。鉄製の鍋に入った生地のたねは米粉なので真っ白だ。ビトゥンブアというこのミニケーキに、もちろんタコなど入っているはずはなく、モチモチとした食感で素朴な甘さがある。

「1つ200シリング（13円）だよ」とおばさんは言った。近所の女の子が200シリングで2つもらっているのを目にしたが、「1つ100シリングではあまりに安い」とおばさんの言葉を疑うことはなかった。

しかしその後、路上で売られていたビトゥンブアは5つで400シリングだった。どうやらさっきのおばさんには多く取られていたらしい。だが、そんなことに対する憤りなど微塵もなく、「わずか1ドルを稼ぐには18個も売らないといけないのか」と、アフリカでお金を稼ぐ苦労について考えるきっかけになった。

ウガンダのニュートピアの先生は月給60数ドル。日

たこ焼き器のようなもので
ビトゥンブアという
ミニケーキを焼くおばさん。

給に換算すればわずか2ドルだ。日本なら1日でウガンダ人の月給を稼ぐのも可能である。時間はすべての人に平等と言われるが、たとえ同じ労働をしたとしても、日本に生まれるかアフリカに生まれるかで、これだけの差が生じてしまう。「これが経済格差なのさ」と、スーツに身を包んだ経済学者が偉そうに能書きを垂れたとしても、アフリカの人からしてみれば理不尽な話に思うはずだ。

私がアフリカで幾度となく思ったことを、ニュートピアのカマウさんも言っていた。「アフリカに生まれた瞬間、彼らの運命は決まってしまうんだ」と。

ひたすら歩き続ける過酷な旅だが、ここからそう遠くない場所では、今この瞬間にも飢饉《ききん》に苦しんでいる人がいるだろう。それに比べれば私の過酷さなどぬるいものだし、アフリカの人から見れば金持ちの道楽にしか映らないはずだ。そんな人間を騙して金をむしり取ることに対する是非はともかく、アフリカで生きていくうえでの逞しさを感じる。

そういうことがあるから、逆に正直な人と出会えば思わず握手したくなるくらいに感激してしまうのだ。そして狡猾《こうかつ》な人にも正直な人にも、人間らしさを感じるのである。

数日後に現れたヌゼガという村の路上では、同じようにビトゥンブアを焼くおばさんの姿があった。前回200シリング取られた経験から、「1つ100シリングだよね」と指を1本立てて確認すれば、「そうだよ」とおばさんは頷いた。

しかし、意地悪そうな顔をした女が横から口をはさみ「200シリングだ」と指を2本立てた。改めておばさんに確認すれば、困惑した面持ちで「100シリング」と言う。

「ほらみろ。100シリングじゃないか」勝ち誇ったように女のほうを見れば、「お前は200シリングだ」と私を指さした後、2本の指を立てた。そんな私たちのやり取りを見て、おばさんは「クスクス」と笑っている。

それにしても首都や観光地な

もちもちとしていて、ほのかな甘さがある。

らまだしも、こんな田舎にまで外国人価格が存在するのは意外だった。基本的に田舎へ行けば行くほど、旅行者慣れしていない素朴な人が多いものなのだ。

タンザニア中央部に位置するタボラから約500キロは、赤土の未舗装路が延々と続いた。降雨後には池のような大きな水たまりがいくつもでき、雨季の今は常時ぬかるんで泥の道になっている。

そんな悪路を歩けば、道幅の広い舗装路では気づかなかった、タンザニア人ドライバーの冷血さがベールを脱いだ。

歩行者や自転車に乗った地元民は、なにを怯《おび》えているんだというくらいに道端に寄り、車のために道路を空けていた。そしてバスやトラックは泥を跳ね飛ばしながら、悪路を猛スピードで突っ走っていく。昔テレビで見た、ダカール・ラリーのワンシーンを彷彿とさせる光景だ。

最初は、運転手のモラルというか、先進国では当たり前の常識を信じていた。しかしこの国の運転手は、どのような状況にあろうともスピードを落とすことなく、歩いている人間のことなどお構いなしに水たまりに突っ込んでいくのである。「パシャッ」泥水が飛散し、全身泥まみれになった。

もちろん非常識な運転手は日本にもいるし、水たまりに気づかなかったという可能性も否定できない。だがある日、車1台分の幅しかない道を歩いていたとき、前方からトラックがやってきた。逃げ場がないので、「もっとあっちへいけ」「減速しろ」とジェスチャーで運転手に伝えたが、運転手は一切無視して減速することなく水たまりに突っ込んだ。「パシャッ」私は再び泥水を浴びた。

後方からのトラックも減速する気配はなく、歩行者のことなど一切無視である。しかも2台続けてだ。「パシャッ」「パシャッ」夜の雨で濡れたテントを荷台に載せて乾かしているというのに、泥を浴び、汚されることだってある。

前方からバスがやってきたのは、ようやく雨が弱まったときだった。そのとき、私は道の左側を歩いていた。車2台分の幅がある道だったが、バスは比較的荒れていない、私がいる側を猛スピードで走っていた。「あっちを走れ」とジェスチャーを示しても、やはり移動する気配はなく、そのまま直進してきた。

「舗装路ではないぬかるんだ道、前方右側には歩行者がいる、タンザニアは左側通行だがバスが走っているのは右側」

　これだけの条件が揃えば、普通は左側に移るはずだし、最低限減速して走るものだと思う。しかしこのバスは減速する素振りなど一切見せず、躊躇なく茶色い水たまりに猛スピードのまま突っ込み、泥水が勢いよく飛び散った。

「パシャッ！」全身を泥で汚した私は、呆然と立ち尽くした。罵詈雑言《ばりぞうごん》をどれだけ並べても足りることはない。マグマのように噴き上げる灼熱の憤怒を鎮められず、爆発したように叫んだ。

「グアアアアッ！　クソッタレ!!」

　泥水を浴びるのはこれで5日連続だ。水たまりに突っ込んだらどうなるのか、そこに人がいたらどうなるのか、どうすればそれを回避できるのか……。いろいろなことを考えられるはずなのに、彼らはそれをしない。

　思考した結果がこれだとしたら、ほんとうに救いようがない。これでは運転技術を習得させたサルと変わりないではないか。

　一日の大半を路上で過ごす私にとって、運転手のマナーはその国に対する印象を左右すると言っても過言ではない。タンザニアの運転手は、人間として大切なものが欠如していた。アフリカに「歩行者優先」という言葉が存在しないことは十分承知しているが、なぜ最低限の配慮すらできないのだろう。なぜ優しくなれないのだろう。タンザニアの運転手はアフリカの中でも、いや、世界の中でも最悪なのは間違いない。

　こんな悪路がチューニャという町の近くまで、延々と500キロも続いた。嘆き、苦しむ毎日であり、悪質ドライバーに対するストレスで心を削る日々を過ごした。そして、苦難に満ちた道のりの先にアスファルトが見えたとき、天からキラキラと眩い光が降り注ぎ、闇の中に光が差し始めた。恍惚《こうこつ》とした意識の中で、悪夢から覚めたようにほっとし、深い安らぎに包まれたのである。

やはり、晴れていると
歩くのもはかどり、
気持ちがいい。

未舗装路は
ひとたび雨が降れば、
池のような水たまりが
いくつもできた。

たまに晴れても、
後ろには雨雲が
迫ってきている。

ぬかるんだ泥の道を
ひたすら歩く。こん
な悪路が500キロ
も続いた。

◎27◎ キリンとの遭遇

アフリカ大陸最高峰のキリマンジャロに楽園ザンジバル島、サファリツアーは、タンザニア観光の代名詞なのかもしれない。しかし、そんな胸躍らせる響きの観光地とは無縁、雨季のタンザニアでは何度も泥水を浴び、夜間の雨でテントが水没したこともあり、苦渋に満ちた日々が続いた。

100キロの無人地帯が続き、ここを通る車も1日に10台ほど。そんな退屈な道に私はいた。携帯している水は残り1リットル。雨が降った夜、バケツを外に置いて雨水を溜めたが、十分な量ではない。あとどれだけ歩けば、水を補給できる場所に辿り着けるか定かではなかった。

道脇に点在する池を眺めながら、「最悪の場合、茶色く濁った水を口にしないといけないな」と覚悟を決めた朝だった。

靄がかった林の中で左右に揺れる黒いものが見えた。木にぶら下がったサルが揺れているのだろうか。あるいはなにか作業をしている人かと思ったのは、早く有人地帯に辿り着きたいという願望が強かったからに違いない。

足を止め、目を凝らした先にはまだら模様の大きな動物がいた。木々が視界を遮り、全身を見ることができないが、2頭のキリンの姿があり、黒い尾をブラブラと揺らしている。

アフリカと聞けば、広大なサバナで暮らす野生動物をイメージさせてくれるが、実際のところ、幹線道路沿いを旅する限り野生動物と遭遇することはめったにない。

野生動物は国立公園や保護区でしか見られないものと思っていただけに、道路のすぐ側にキリンがいることに驚き、「なぜここにいるんだ?」と困惑した。その直後、歓喜の波が怒涛のように押し寄せ、興奮で身体の芯まで熱くなってきた。やはりここはアフリカなのだ。

今この瞬間にキリンと同じ場所に立っていることが不思議に思えた。昨夜はここから10キロも離れていない場所で野営したが、キリンの生息する大地で、彼らの息遣いが聞こえるような場所で眠っていたのだ。

野生の楽園なだけあって、タンザニアの紙幣には動物の絵が描かれている。最も高額な1万シリングにはアフリカゾウ、5000シリングはクロサイ、2000シリングにライオンといった具合だ。現行紙幣には描かれていないが、旧1万シリング紙幣のデザインはキリンだった。ちなみに、描かれている人間の肖像画は、1000シリング札の初代タンザニア大統領ジュリウス・ニエレレと500シリング札の初代ザンジバル大統領アベイド・カルメのふたりだけである。

人間以上に強い存在感を放つ野生動物だが、サファリツアーはタンザニア随一の観光資源であり、この国の経済にも大きく寄与している。国を代表する歴史的偉人以上の扱いを受けるのも当然なのかもしれない。

ウガンダでは観光の目玉であるゴリラが最高紙幣の5万シリング札に描かれていた。タンザニアと同じく野生の楽園ケニアでは、すべての紙幣に初代首相ジョモ・ケニヤッタの肖像が描かれ、動物たちの地位は高くないようだ。

これまで漠然とした存在でしかなかったアフリカの野生動物だが、視界を覆っていた靄が晴れ、くっきりとした輪郭をもって鮮明に浮かび上がってきた。サファリツアーではなく、幹線道路沿いという人々の生活圏で見ることができたのだから、なおさら身近な存在に感じられた。携帯している水が少ないとか、早く有人地に着きたいとか、そんなことはどうでもよくなっていた。ただ、興奮して写真を撮り忘れたことが残念でならないが……。

その後、キトゥンダという小さな村に辿り着いた。木で組まれた小さな家々には屋根がなく、ほぼすべての建物にブルーシートが被せてある。まるで難民キャンプのようだ。ルワンダやブルンジからの避難民だろうかと考えたが、あまりにも遠いし、内戦や虐殺があった頃から年月が経っているので、おそらくそれはないだろう。

食堂で、「このあたりにシンバはいますか?」と居合わせた村人に尋ねてみた。「こんなところにいるわけないだろ」と男は白い歯を見せて笑ったが、こちらは真剣である。シンバはスワヒリ語でライオンを意味する。

「ゾウは？　キリンは？」

スワヒリ語で、これらの動物をなんと言うのかわからなかったので、絵を描いて聞いてみる。動物の尊厳を傷つけ、謝りたくなるくらいに不細工なキリンを見て、食堂の女性はフフフと笑った後、「いるわよ」と言った。

あのキリンは幻ではなく、やはりこのあたりに生息しているのだ。

「今朝、林の中で見たんだよ」

私は目を輝かせながら歩いてきた方向を指差し、興奮気味に伝えた。「よかったわね」と、穏やかな眼差しを向けてきた彼女の顔を見て、なんだか少し照れくさくなって目をそらした。

その表情は子どもをあやす母親のようで、一日のできごとや感動を一生懸命母に伝える幼き日の姿が唐突に蘇ってきたのである。思わず苦笑いを浮かべたが、キリンとの遭遇は、興奮や感動を与えてくれただけでなく、純真無垢だったあの頃に帰らせてくれたのだった。

タンザニアの紙幣。
主役は野生動物たちだ。

大勢の村人に囲まれながら、小屋の中にテントを張った。

ザンビア

2015年4月23日～5月21日

28 旅するスピード

目の前のほっそりした男は、パスポートを1ページずつ子細に確認していた。

「タイに住んでいるのか」

「住んでいない。旅行で訪れた」

「旅行ではなく不法就労していたんじゃないか？　なぜこんなにもタイのビザとスタンプがあるんだ」

男はそんなことを決めつけて執拗に問いただしてきた。数年前に東南アジアを歩いたとき、タイを3度出入国したので、その記録がパスポートに残されているのだ。

しかし、タイへの渡航目的がなんであろうと、ここはタンザニアであり、あんたには関係ないことではないか。それに入国検査ではなく、出国時のことだ。今まさに出ていこうとする人間を、念入りに調べる必要があるのだろうか。

だが、まるでスパイの容疑者であるかのように別室へ連れていかれ、尋問を受けていた。男は椅子にでんとすわり、机を挟んで私は立たされている。学校の先生に説教されているかのようだ。

難癖をつけ、なかなかパスポートを返さない男を訝しく思っていたが、「ああ、なるほど」と合点がいった。口には出さないが、どうやら賄賂がほしいらしい。アフリカではよくある話だ。

「まったく……」と文句を言いたくなるが、相手を刺激すれば荷物検査などで面倒なことが起こりかねないので、余計なことはなにも言わない。もちろん、賄賂をわたす気などさらさらない。金はないが時間はたっぷりあるのだ。パスポートが戻ってくるのをとことん待ってやろうではないか。

やがてしびれを切らした男がぽんっとパスポートを投げ返し、タンザニアを後にした。

ナコンデ国境からザンビアに入り、ようやくタンザニア人ドライバーとお別れだと思いきや、意外にもタンザニアナンバーのトラックが多く、国境近くでは1日100台のトラックを目にした。

ザンビアは内陸国であり、国境を接するマラウイ、ジンバブエ、ボツワナにも海はない。そのため、ガソリンはタンザニアから輸送されるらしく、タンクローリーが頻繁に道を行き来している。

ザンビア2日目の朝、横転したトラックが道路を塞いでいた。ナンバーを見ればタンザニアのトラックだった。

「猛スピードで運転するからだろ……」

タンザニアで幾度となく泥水を浴びた記憶が蘇り、同情する気はあまり起きなかった。

しばらく歩くと、別のトラックが横転していた。事故からしばらく経っているようで、道を塞いでいるのは荷台部分だけだ。連結されている運転席は起こされていた。ナンバーを見ると、これまたタンザニアである。おいおいなにをやっているんだ、タンザニア人。

ザンビアに来てまで事故を起こし、道を塞いで迷惑をかけ、タンザニア人ドライバーはろくなことをしないと思っていたら、またまた事故現場が現れた。トラックは道脇に横転していて、これから起こした後、タンザニアへ運ぶのだろう。輸送用トラックが待機していた。

わずか3時間で3つの事故現場を目にした。前日にも1度目にしていたし、とんでもない事故発生率だ。タンザニアではドライバーのモラルと質の低さを目の当たりにし、世界で最も劣悪非道なドライバーの国に認定したが、私の目は間違っていなかったと少し得意気になってしまう。

ガソリンなど生活必需品の輸送とはいえ、タンザニア人の悪質な運転についてザンビアの人はどう思っているのだろう。

3つ目の現場を離れた直後、前方からやってきた輸送車は前部がつぶれたトラックを運んでいた。私はうんざりした気持ちを吐き出すように大きな溜息をつき、首を振った。

ザンビアは、アフリカ大陸の中で平和な国のひとつである。危険な雰囲気を感じることはなく、子どもたちが笑顔で手を振り、おばさんからは「頑張れ」と手を叩いて激励されることも何度かあった。沿道からの声援を受けるマラソンランナーになった気分だ。

水場で出会った女性に、「ザンビアの治安はどうで

タンザニアのトラックが横転して道を塞いでいた。

すか」と聞けば、「とても平和よ」と彼女は微笑んだ。どうやら、ザンビアで気をつけるべきはタンザニアナンバーのトラックらしい。

ザンビアなど南部アフリカの国々は、かつてイギリスの植民地だったこともあり、イギリスと同じく左側通行の国が大半だ。後ろから車に突っ込まれるのを避けるため、私はあえて右側を歩いていた。

「パパァーッ！」ある日、けたたましいクラクションが背後から鳴り響いた。後ろを振り向いて確認するまでもなくタンザニアのトラックに違いない。前をゆっくり走る車を追い越したいらしく、「邪魔だからどけ」とのことだ。

そんな傲慢な態度にカチンときた。クラクションを無視して堂々と歩いていたが、それでもトラックは無理矢理前の車を追い越し、私の数センチ横を猛スピードで通過した。トラックの風圧を身体に受け、全身の血が凍りつくかのようにぞっとした。この状況でも追い越すのかと怒りが湧き上がったが、恐怖心がそれを上回った。

ドライバーからしてもギリギリのところだったらし

い。私と接触したと思ったらしく、前方で停車してこちらのようすを窺っていた。問題ないとわかると、すぐに猛スピードで走り去っていったが、つまらない意地を貫くべきではないと私は学んだ。アフリカではなにが起こってもそれは自分の責任であり、自分の身は自分で守るしかない。

交通事情を除けばザンビアでの旅路は平和なものになりそうだが、前年11月にスーダンで出会ったイギリス人サイクリスト、ジョンソンは「とても退屈な日々が続く」と言っていた。このときは4月だったが、彼はすでに最終目的地のケープタウンに到着していて、改めて徒歩と自転車の機動力の差を思い知らされた。

機動力の差と言えば、同じ時期にやはりスーダンで出会ったバイク旅行者は12月末、ミニクーパーは2月中旬にそれぞれケープタウンに着いていた。ここからケープタウンへは4000キロ。徒歩だとあと3か月はかかる。

カルルという小さな村に着いた。ザンビアでは辺鄙な田舎であっても学校をよく目にするが、学校の数はこの国の教育レベル、教養の高さに比例するのではないかと思う。道沿いには、学校の名前とモットーが記された碑が設置されている。「教育は国の発展につながる」など、教育の大切さを説いたものなどがあるが、私のお気に入りは「No sweat, No sweet」だ。「汗をかかねば甘いものにはありつけない」ということである。

アフリカでは地下水を汲み出すのに手押しポンプが使われているが、ザンビアも例外ではない。ハンドルを上下すると勢いよく水が飛び出し、それをペットボトルに入れる。重いハンドルを必死に上げ下げしていると、「下手くそだな」と笑いながら少年が代わり、

ザンビアは平和な国だ。その分、徒歩行は単調で退屈な日が続いた。

民家近くの野原にテントを張る。緊張感はまったくない。

ハンドルを動かしてくれた。

たまに現れる村で水や食料の補給をし、再び歩き始める。生きているかのように草は揺れ、大きな白い雲が青空を泳いでいる。景色に大きな変化はなく、地形の起伏もほとんどない。ジョンソンの「退屈だ」という言葉を噛みしめていた。

そんなとき、路肩を動いているものが視界に入った。じっと目を凝らすが、それがなんであるか確信するまでにわずかな時間を要したのは、その物体がアスファルトに同化していたからだ。

アスファルトと同じグレーに体色を変色させたカメレオンが、ゆっくりと歩いていたのだ。捕食動物の目をくらませるため、カメレオンが体色を変化させることは広く知られているが、自然物以外の人工物に対しても変化させられるというのは驚きだった。

格好の暇つぶしとなり、その後もカメレオンを見つけるたびに足を止めて観察をした。暇な旅人につかまってしまった不幸なカメレオンは必死に逃げるが、陸上での歩行はうまくないようで目をぎょろぎょろと回しながらのそのそと歩いている。緑色のカメレオンを銀色のリヤカーに載せるという実験を試みるも、体色に変化は起こらず、実験は失敗に終わった。

あるときは、路上を転がっていく家畜の糞《ふん》が見えた。「なんだ？」と目を凝らせば、逆立ちして後脚で糞を転がすフンコロガシだった。観察のため、再び路上にしゃがみ込む。

ザンビアの旅路は、じつに平和で退屈なのである。

歩けど歩けど大きな変化は見られない。たまに現れるたびに数字を減らしていく距離標識以外、首都ルサカに近づいていることを実感させてくれるものはなかった。

初めて信号が現れたのはカブウェという町だった。ザンビアに入って15日目、８５０キロ歩いて、ようやくひとつ目の信号である。

ここまで来れば、タンザニアのトラックを目にすることは少なくなっていたが、歩き続ける私の姿を何度か目にしたのだろう。「パッパァーッ」と、天敵とも言えるタンザニアトラックから祝福のクラクションを鳴らされた。ルサカに着いたのはザンビア入国後、17

日目のことだった。

しかし、ルサカに着いて終わりではなく、ビザの期限内に次の国へ入国しないといけない。ザンビアで私に許された滞在期間はわずか1か月だった。1日半の休養をとった後、さらに500キロ離れたリヴィングストンへ向けて歩き始めた。

北アフリカのイスラム圏では、砂漠にしゃがみこむ男の姿を頻繁に目にした。民族衣装の裾からは竿が見え、用を足しているのだとわかったが、立ち小便に慣れた人間からすれば、どこか憐れで情けない姿に映ったものだ。

ザンビアでは少し前を歩いていた少女が突然立ち止まり、足を1歩分横に広げて仁王立ちになった。その瞬間、水道の蛇口をひねったかのように少女の股から液体が勢いよく放出された。

朝日を浴びた飛沫《ひまつ》がキラキラと輝いてるのを放心したように眺めながら、世界は広いなと思った。地面を黒く染めた液体を避けるように私は先を目指した。

「君はどこから歩き始め、どこへ向かってるんだ?」

これまで幾度となく聞かれた質問を投げかけられたのは、とある日の昼下がりだった。声をかけてきた車には、黒人と白人の男が乗っていた。

「あと10分もすれば、自転車に乗った男がやってくるよ。彼もカイロからケープタウンを目指しているんだ」

「へえ、カイロからここまでどれくらいかかりました?」

何気なく尋ねたその問いに、男は「1か月」と答えた。

「えええっ、1か月ですか……?」

驚きのあまり思わず聞き返してしまった。私はアレクサンドリアから8か月をかけてここまで歩いてきたというのに、なんというスピードだろうか。普通のサイクリストと比べても、1か月という期間は明らかに早い。彼らはその自転車乗りのサポート役らしい。

車が去った後、1台の自転車がこちらを振り返ることなく颯爽と走り去っていった。多くのサイクリストが自転車に装着しているバッグはなく、アフリカ大陸を縦断しているとは思えない軽装備だ。

「そんなに急いで旅してなにがおもしろいのか?」

あっという間に小さくなった彼の背中を見ながら、心の中で呟いた。しかし、「なんのために歩いているの?」と、多くの人が私に対して疑問を抱くのと同じことなのだろう。社会的意義を背負った崇高な目的があるかもしれないし、ただの挑戦、あるいは自己満足なのかもしれない。理由は本人にしかわからないのだと思い直す。

　後日知ったことだが、この自転車乗りマーク・ビューモントは9日後にケープタウンに到着。カイロからケープタウンまでの1万812キロを41日で走るという、新たなギネス世界記録を打ち立てた。

　生きるスピード、旅するスピードは人それぞれだと思う。なにかと速いことが求められる現代だが、次から次へと景色が流れていき、あっという間に目的地に辿り着けたとしても、その過程にあるものを見落とし、気づくチャンスを失うことだってある。

　私のように歩みが遅ければ、訪れることのできる場所や目にするものは少ないけれど、ひとつひとつの景色をじっくりと見て、小さな変化を感じ取ることができる。

路肩で見つけたカメレオン。アスファルトの色に体色を変化させていた。

カメレオンをリヤカーの車輪のスポークに載せてみた。体色は変化しなかった。

　しかし、過酷な環境下では遅ければ遅いほど、そこから抜け出すのに時間がかかり、時速5キロのスピードを致命的に感じるときもあった。ザンビアのように退屈な日々も同様だ。

　逆に風光明媚《めいび》な景色の中では、一歩一歩、地を踏んでいくごとに絶景と優雅な時間がゆっくりと流れていく。この国で見つけたカメレオンとフンコロガシだって、車に乗っていたら見つけることはできず、歩いているからこそ出会えたものなのだ。

　ザンビアの旅路は変化が乏しく、退屈なのだけど、やはりこれこそ私が愛すべきスピードなのだ。

29 リアルウォーキングサファリ

「ボツワナ北部は、ライオンやヒョウが生息しているから、自転車での通行は断念したよ」

ジョンソンからのメールに私は落胆した。ボツワナ北部にはチョベ国立公園があり、野生のゾウが多く生息することで知られている。野生動物と遭遇できる魅力的なルートであり、アフリカ大陸で最も楽しみにしていた場所だったのだ。

私はザンビア南部のリヴィングストンにいた。リヴィングストンは世界三大瀑布《ばくふ》のひとつ、ヴィクトリアの滝を訪れる拠点となる街で、ザンベジ川を挟んでジンバブエと国境を接し、ジンバブエはわずか10キロ、ボツワナまで65キロのところに位置する。

ザンビアでは「シマ」と名前が変わったウガリ。見た目は同じでも食感は滑らかになった。

ザンビア随一の観光地なだけあって、旅行者向けの宿やレストランは多く、街を歩けばたくさんの旅行者を目にした。大型スーパーやファストフード店もあり、たいていのものは手に入る環境だ。

宿の前には「ハングリーライオン」という店があった。アフリカ南部でチェーン展開するファストフード店だが、「空腹のライオン」なんて、今の私にとって刺激が強すぎる店名である。

「おい、これからどこへ行くんだ？」と歩行中に出会った人から何度も尋ねられた。

「ボツワナへ向かうつもりだけど」

「危ないからやめておいたほうがいい」

「えっ、なんで？」

「たくさんのゾウやライオンがいるのに、そこを歩くなんてとんでもない！　ゾウに踏みつぶされ、ライオンに食われるぞ！」

アフリカにいることを強く実感させてくれる会話が連日繰り広げられる。決して笑い話ではなく、皆神妙な面持ちで語るものだから、さすがの私も不安を覚え始めていた。

しかし、ライオンは怖いけど、ゾウなんてビビるほどではないだろう。無知な私はそんなふうに思っていたが、どうやら間違っていたらしい。

ダンボというディズニーのキャラクター、動物園でのんびり水浴びをするゾウの姿を思い浮かべれば、可愛く穏やかで力持ちという印象を抱くかもしれないが、実際はとんでもなく凶暴なのだ。

アフリカゾウはアジアゾウよりも大きく、体重は7トン。言うまでもなく世界最大の陸生哺乳類である。鋭い牙と大きな体での踏みつけにより、年間500人以上の死傷者を出している。復讐《ふくしゅう》心が強く、一度怒ると執拗に攻撃を繰り返すという。

私は、ハイパーインフレーションが発生し、経済が混乱したジンバブエの治安に不安を抱いていた。今後に備えて外務省の海外安全ホームページにアクセスして情報収集したところ、治安情勢は平穏らしく、安心したのだが、さらに読み進めていくと以下のような記述があり、戸惑ってしまう。

「観光施設において、観光客がライオンに襲われたり、地方で野生の象が住民の居住区を徘徊し、住居や農作物に被害を与えるケースも発生しています。2011年には日本人旅行者も利用するホテルにおいて、従業員が象に近づき過ぎて死亡するという事故が発生していますので、不用意に野生動物に接近するなど危険な行動は避けてください。（中略）また、2013年4月7日にはザンベジ川において、カヌーのツアーガイドがワニに襲われて死亡する事故が発生しています（当時の外務省海外安全ホームページより抜粋）」

情勢が流動的なアフリカでは、外務省の安全情報に目を通して現状を把握することが多い。しかしそこに掲載される情報の大部分は、テロや紛争、重犯罪、外国人が巻き込まれた被害例が主である。野生動物の危険を指摘するものはこれまで目にしたことがなかったので、面食らってしまった。

ジンバブエでさえ外務省によって注意喚起されている。野生のゾウが多く生息するボツワナ北部が、さらに危険なのは明らかではないか。もちろん、無事に走り抜いたサイクリストは多いし、野生動物に襲われたという話は聞いたことがない。しかし、だからと言って自分も大丈夫なんて過信することはできなかった。

私はさらに機動力が劣る、時速5キロの徒歩なのである。

やはり、ここを歩いて通過するのは無謀な気がした。強盗相手ならまだしも、百獣の王ライオンや凶暴なゾウに命乞いは通用しない。

熟考と葛藤を重ねた結果、ボツワナ北部を避けて、ザンビアからジンバブエへのルートを歩くことに決めた。両国の間にはヴィクトリアの滝があり、旅行者を乗せたバスや車がこの道を走っている。

この区間の約5キロはモシ・オ・トゥニャ国立公園で、入り口にはゾウのイラストが描かれた「ゾウに注意」の標識が設けられていた。

道の両脇に木々が茂り、サバナが広がっている。地元のおじさんが自転車で行き来していて、ゾウが生息しているという雰囲気や緊迫感は微塵も感じられない。

しかし、国立公園内に入ってから20分経ったときだった。林の中に大きな岩が鎮座しているのが見えた。もしやと思い、草を掻き分けながら奥へ入っていくと、そこには5頭のゾウの姿があった。

「うおおおっ、ゾウがいるじゃないか」

初めて目にする野生のゾウに感動し、興奮を抑えることができなかった。鼻息が荒くなり、ギリギリまで近づいて、カメラを向ける。ゾウは微動だにせず、こちらをじっと直視して、終始耳を広げていた。

もしや求愛行動ではと思い、胸をドキドキさせたが、後で調べると、「ゾウは緊張するできごとが起こったとき、耳を広げ、相手を威嚇する」らしい。別の意味でドキドキな状況だったようだ。

再び歩き始めると、今度は前方に道路を横断するゾウの群れが見えた。ゾウが通り過ぎるのを自転車に乗ったおじさんがじっと待っているのは、シュールな光景だ。

カナダを歩いていたときは、地元民と会うたびに「野生のクマを見たことがありますか?」と尋ねていた。皆が、「イエス」と口を揃えたように、この地で暮らすザンビア人に、「野生のゾウを見たことがありますか?」と聞けば、やはり皆「イエス」と答えるのだろう。

その直後、道路から離れたところで草を食べているゾウの群れを見つけた。10頭くらいはいるだろうか。

モシ・オ・トゥニャ国立公園の入り口に立つ「ゾウに注意」の看板。

しばらく観察していると次第にゾウの動きが活発になり、道路のほうへゆっくりと歩き始めた。

道路を走っていた車は停止し、ゾウがわたり終えるのを待つ。ゾウ待ちだなんて、やはりスケールがでかい。さすがはアフリカだと感心してしまう。学校や自動車教習所では「ゾウがわたり終えるまで静かに待ちましょう」なんて教えているのだろうか。

クラクションを鳴らしたり、ゾウを刺激したりするするようなことはもちろんしておらず、「どうぞお通りくださいませ」と静かに待っていたが、1頭のゾウが威嚇するかのようにこちらを睨んだ。すくみ上がるくらいに冷たい目をしている。体勢をこちらに向けたゾウは「ズシン、ズシン」と力強い足音を響かせながら向かってきた。危険を感じた車はじりじりと後退を始める。

私はビデオカメラを手に動画を撮っていたが、モニターに映った殺気立ったゾウを見て「まずいな」と思った。

そして真横にいる数台の車を目にしたとき、猛烈な違和感を覚えた。彼らは頑丈な車の中にいる。いざと

国立公園の林の中で見つけたゾウの群れ。

道路をわたるゾウの群れ。こちらに向かってこようとしたため、パニックになった。

なれば猛スピードで逃げることもできるが、私とゾウとの間には鉄柵や鋼鉄のドアなど隔てるものはなにひとつなく、小さなリヤカーが1台あるだけだ。

ゾウはわずか数メートル先、まさに自然の中で対等な立ち位置にいる。自分のことながらとんでもない光景で「クスクス」となんだか可笑《おか》しくなった。

いいや、ここは笑う場面じゃない。「邦人旅行者、ザンビアでゾウに踏み潰される」という記事の見出しが頭をよぎる。インターネットの掲示板では「バカなやつだ」と罵詈雑言で溢れ、ニュースキャスターは沈痛な面持ちでニュースを読み上げるはずだ。関係各所、そのほか、ありとあらゆる場所からも「バカなやつだったし、変なやつでもあった」と不本意な烙印《らくいん》を押されるに違いない。

言い知れぬ緊張と恐怖に耐えられなくなった私は、クルリとゾウに背を向けて地面を蹴った。

その瞬間リヤカーが目に入った。エジプトからここへ至るまでの8000キロ超、猛暑の砂漠も雨季のタンザニアも常に手を取って、ともに歩んできた大切な相棒である。どうしようかと一瞬考えたけど、「すまん、生まれ変わったらまた会おう」と置き去りにした。

植村直己氏の著書『青春を山に賭けて』の中で、アフリカを訪れた植村氏がケニア山に挑んだ話がある。ケニア山へ至る道には猛獣がすむジャングルがあり、行く手を阻んだが、植村氏はガイドを雇ってそこを通過した。

ガイドが「ゾウが出たときは、一目散に大きな木の間をジグザグに逃げろ」と植村氏に与えた言葉が、封印を解かれたかのように突如蘇った。切羽詰まった状況で記憶を蘇らせるなんて、「さすが俺」と自画自賛した。

「よし、木の間をジグザグだ」と木を目指すが、リヤカーを置き去りにするという非情な決断を下したことに対する天罰なのだろう。突然の全力疾走に足が対応できず、もつれてしまい転倒した。ゆっくりと後退していた車の側部に頭をぶつけ、手足にも痛みを感じたが、それどころではない。凶暴なゾウがすぐ後ろに迫っているのだ。

「早く逃げないと踏み殺される……」

腰を抜かしたかのように四つん這いで必死に逃げ、

車に助けを求めようと思ったが、後ろを振り返ると、威嚇してきたゾウはこちらに背を向けて道路を横断していった。

「た、助かった……」まさに九死に一生を得た気分だ。張り詰めていた心が緩んだ途端、身体からどっと力が抜けた。

こちらに向かってくるゾウを前にしたときの恐怖心は自分の知りうる言葉では言い表せない。これは、カナダの森で野営中、クマがテントを押しつぶしてきたときの絶望感に似ているかもしれない。

ゾウと対峙《たいじ》したときの緊張感と迫力は、サファリツアーでは体験できないものだった。まさに「リアルウォーキングサファリ」である。

さらにもう1頭のゾウが道路をわたり終えた後、停車していた車もゆっくりと走り始め、私はひとりぽつんと路上に残された。

ゾウがこちらへ向かってくるシーンが、頭の中で何度も再生された。踏み潰されてもおかしくない危険な状況だったが、まるで現実味がなく、夢のようにも思えた。しかし興奮が鎮まると、転倒したときに負った右手と両膝の傷から血が流れているのに気づき、ズキズキと痛み始めた。左肩も強打したようで痛みがある。

「なんだよ、あれ……」危機的状況から脱すると人間は笑うものらしい。自分でもなんだかよくわからないのだが、急に笑いが込み上げてきた。

その後は足を引きずりながら歩き、ザンベジ川に到着した。この川が国境線の役割を果たし、ザンビアとジンバブエを隔てている。

ここには大きな橋が架かっていて、右手にはヴィクトリアの滝が見える。最大落差108メートルなだけあって、すごい迫力だ。山火事のように立ち上る白い水煙は、数キロ離れた場所からも見ることができた。

さらに橋を進んでいくと、男が意を決して飛び降り、はるか下のザンベジ川へ吸い込まれていった。水面からの高さ128メートルのこの橋は、バンジージャンプの名所として知られているのだ。

手すりを越えて身を乗り出してみれば、高所恐怖症でなくても足がすくんでしまう高さである。ちなみにお値段は130ドル。ほんの数秒のスリルのために出す金額としては少々お高いのではと思いながら、ジンバブエへと入国した。

「どうしたんだ？　一体なにがあったんだ？」

名誉の負傷（？）である血が滲んだ膝と手を見て、イミグレーションの職員は尋ねてきた。

「ゾウが向かってきたので逃げようとしたら転んだ」

未だに興奮冷めやらぬ武勇伝を身振り手振り交えて、大げさに説明した。

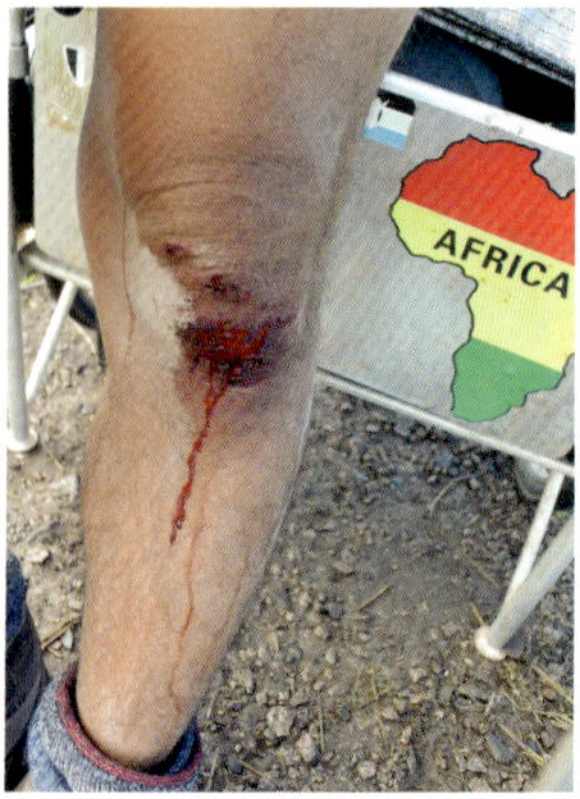

ゾウから逃げる際、
転倒して負傷した膝。
名誉の負傷である。

ザンベジ川に架かる橋から
バンジージャンプに挑戦した男。

数キロ手前からでも見える、ヴィクトリアの滝の白い水煙。

ジンバブエ・ボツワナ

2015年5月21日〜6月1日

6月1日〜6月13日

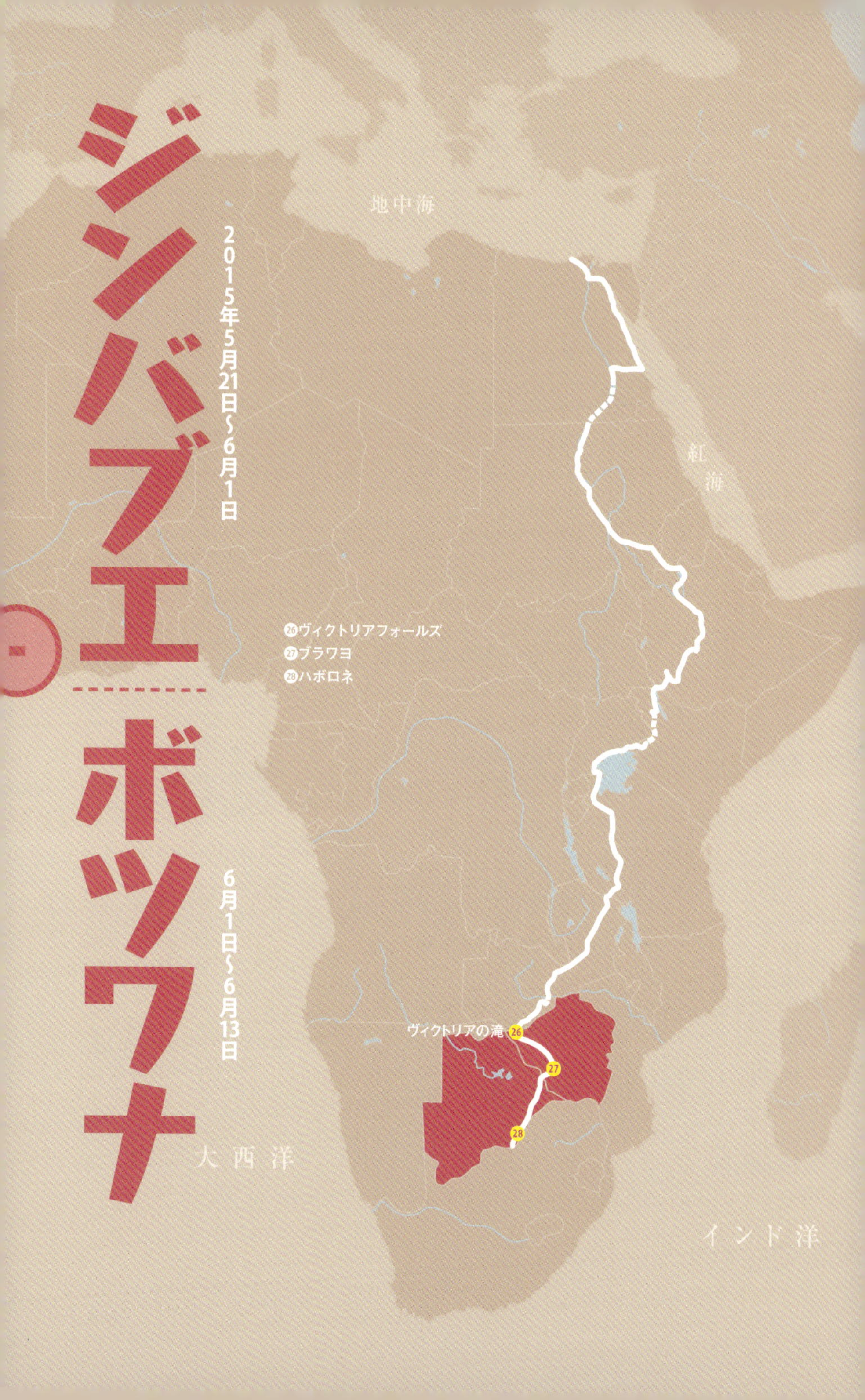

◎30◎ヴィクトリアの滝

ザンビア、ジンバブエ両国に跨がるヴィクトリアの滝は、世界遺産にも登録され、両国にとって屈指の観光地だ。外貨を獲得するチャンスとばかりに、安くはない入場料が設定されている。私はジンバブエ側の滝を見ることにしたが、ジンバブエの通貨ジンバブエドルでの支払いはあっさり拒否された。

ハイパーインフレーションと経済の崩壊は、ジンバブエドルの貨幣価値を大幅に下落させた。その結果、世界中の国家で初となる100兆ドル紙幣が発行されている。

100兆ドル札を手にすれば、アラブの石油王になったかのような気分を味わえるが、ジンバブエドルは、もはやその価値を失い、アメリカドルが流通している。しかし、1ドル以下の補助通貨としてアメリカのセントは使われていない。南アフリカのランドとボツワナのプラの二重通貨状態である。初めて買物をしたジンバブエのスーパーでお釣りが返されたときは、それらがごちゃまぜになって、なにがなんだかわからなかった。

もはや国民にとって紙屑でしかないジンバブエドルだが、旅行者にとっては格好の話のネタとなる。町を歩けば「土産にどうだい」と、天文学的数字のジンバブエドルを売ってくる人がとても多い。

世界三大瀑布のひとつに数えられるヴィクトリアの滝だが、残りのふたつはブラジルとアルゼンチンに跨がるイグアスの滝と、アメリカ・カナダ間にあるナイアガラの滝だ。

アメリカのルーズベルト大統領夫妻がイグアスの滝を訪れた際、「かわいそうな私のナイアガラよ」と夫人が口にしたのは有名な話である。私はイグアスの滝を訪れたことはないが、その言葉から察する限り、どうやらナイアガラとの差は明白らしい。

ナイアガラは、落差58メートルとほかのふたつの滝に比べれば小さなものだが、北米を代表する滝であるのは間違いない。ほかのふたつを見る前にナイアガラを訪れたなら、「そこそこ」満足するのではないかと思う。

しかし、決して順番を間違えてはいけない。ナイアガラの滝を訪れる前にヴィクトリアの滝やイグアスの滝を見るのは、前菜の前にメインディッシュを食べるようなものなのだから。

私はメインディッシュのヴィクトリアの滝へ向かった。ヴィクトリアフォールズの町の中心にもゾウの大きな糞が落ちていたが、こんなところにもゾウがやってくるのだろうか。滝は町のすぐ近くにあり、10分ほどで入り口に着いた。

はやる気持ちを抑えながら、轟轟《ごうごう》と唸る音の方向を目指し、遊歩道を進んでいくと、突如雲が空を覆い薄暗さを感じた。やがて崖に辿り着いたが、霧がかかり、あたり一面真っ白だった。視界不良の中、地響きのような音が絶えず響いている。

「滝はどこだ」周囲を見回したとき、風が霧を運んでいき、視界が開けてきた。煙幕が晴れるように滝が少しずつ姿を現し、やがてその全貌が浮かび上がった。

空を見上げれば快晴だ。薄暗さを感じたのも、視界を遮ったのも、雲や霧ではなく、大瀑布が水煙を巻き起こし、周囲を覆っていたのだった。想像以上の迫力に言葉を失った。

遊歩道はさらに続き、穏やかな川の流れが突如垂直に落ちていく、滝の手前も観察できるようになっている。

ヴィクトリアの滝は、ザンビアの公式名称では「モシ・オ・トゥニャ」という。現地語で「雷鳴のする水煙」を意味する通り、轟音とともに水煙が立ち上り、虹が幾重にも連なっている。

水煙がシャワーのように降りかかってきた。雨季はすでに終わり、ピークを過ぎていたが、ものすごい水量だ。雨具を持ってこなかったことを悔やみながら、全身ずぶ濡れになった。

景観を守るため、落下防止の柵は設置されておらず、自然のままの状態で滝を見られるようになっている。つまり誤って落ちてしまえば滝壺へ真っ逆さまなのである。日本なら最悪の事態を想定して、柵が設けられ、ルールがつくられるはずだが、ここではすべて自己責任のひと言で片づけられる。

へっぴり腰になりながら、一歩一歩ゆっくりと慎重

ザンビアとジンバブエをつなぐ
ヴィクトリアフォールズ鉄橋。

ヴィクトリアフォールズ鉄橋にある国境を越え、ジンバブエに入国した。

ヴィクトリアの滝を背に。

雨季は終わっていたが、ものすごい量の水が流れ落ちていく。

に進み、断崖の縁に立てば足元は岩肌だった。常時水しぶきが降りかかるので滑りやすくなっているはずだ。おそるおそる崖下を覗き込むと、まるで火口のように滝壺からはモクモクと水煙が上っていた。ふらっと無意識のまま吸い込まれていきそうな危うさを感じる。

ゾウと遭遇したときのように不謹慎な新聞の見出しが頭をよぎり、すぐに遊歩道へと戻った。

野生のゾウが多く生息するボツワナ北部は避けたが、ジンバブエにもゾウはいるらしい。ゾウのイラストが描かれた標識が何度か現れ、常に周囲を見回してゾウを探す。暇つぶしにはとてもよい。

今回に限ったことではないが、宿に泊まると睡眠不足に陥ってしまう。連日テント泊を続ける私にとって最も快眠を得られる場所は、寝心地のよいベッドではなくテントなのだ。

「ないこと」が前提のテント生活では、暗くなれば眠る毎日だが、電気やインターネット環境がある宿に泊まると、ついつい夜更かしをしてしまうし、緊張して眠れない夜もある。しかし、目が覚めるのは決まって夜明け前。早起きの習慣を身体が覚えているのだ。そんなわけで、ここ数日間を宿で過ごしていた私は睡眠不足であり、睡魔と闘いながら歩いていた。

ぽかぽかとした陽気が気持ちよく、次第に瞼が重くなってくる。少しでも目を閉じれば、そのまま意識が遠ざかってしまうのではないか。気がつけば車道にはみ出しているという、居眠り歩行がありそうで怖い。

「寝るな、寝たら死ぬぞ！」

冬山の遭難者のように自らに声をかけ、思い切り頬を張る。腕時計に目をやれば、歩行終了の目安と考えている17時まであと3時間もあった。今日は早めに歩行を終えたほうがよいかもしれないと思ったときだった。

こちらを直視するゾウの姿が林の中に見えた。一瞬にして覚醒し、血が滾り始める。しかし改めてそちらに目をやれば、寝ぼけていたのか、ただの見間違いなのか、そこにゾウの姿はなかった。

「なーんだ」とがっかりして、大きなあくびをひとつする。おかげですっかり目が覚めたものの、こんなにも頭の中がゾウに支配されているなんてと苦笑いを浮かべた。

　そろそろ歩行を終えようかと思っていた夕方、ケンマウアーという村の外れで警察が検問をしていた。ジンバブエは経済が崩壊した国である。ここは田舎だし大丈夫だとは思うが、念のため、このあたりの治安について確認しておこうと考えた。

「この辺にテントを張っても問題ないですよね？」

　しかし、警官から返ってきたのは「デンジャラス」という予期せぬ答えだった。

「えっ」と戸惑いの声を漏らせば、「エレファント（ゾウがいるぞ）！」と警官は叫んだ。その返答に思わず、「うおおおーっ」と歓喜の雄叫びを上げ、「ここにもゾウがいるんですね！」と目をキラキラと輝かせて興奮する。

「この先はゾウがいて危険だから、この周辺にテントを張るように」

　警察の指示に従い、検問の裏へ行こうとしたら「待て！」と彼は私を止めた。「今度はなんだ？　地雷でも埋まっているのか？」と思ったら、警官は、「そこは村人がうんこをする場所で臭いからやめとけ」と鼻をつまむジェスチャーを示した。人糞まみれの場所なんて、ゾウの生息地より嫌である。

　テントを張るため、村外れの林に足を踏み入れると、大きな糞があちこちに落ちていた。もちろん人間のものではなくてゾウのものである。もしゾウの進行方向にテントがあった場合、彼らは避けてくれるだろうか。さすがに踏み潰されないよな……。

　気休めに過ぎないかもしれないが、倒木が周りを囲む中にテントを設営する。不安が尽きることはないが、ゾウの咆哮《ほうこう》が聞こえてきそうな場所で一夜を過ごすことに幸せを感じた。

　ゾウの足音が聞こえないか、そっと耳を澄ませているうちに、アフリカの大地に抱かれた私は深い眠りに落ちていった。

◎31◎　サザとチブク

　猛暑のサハラ砂漠にサバナ、熱帯のジャングル、子どもたちが放つ溢れんばかりのエネルギーに、無秩序な都市の喧騒。私が思い描いていたアフリカには常に

こちらは「リカオンに注意」の標識。

ジンバブエでもゾウが描かれた標識があちこちに立っていた。

強い熱があったからか、暑苦しさを感じることはあってもブルブルと寒さに震えることはなかった。アフリカを旅するにあたり、防寒具を準備することも頭になく、私が持つ最強の防寒着は薄手のフリースが1枚あるだけだ。

実際、エジプト・アレクサンドリアを出発してからは砂漠や熱帯が続き、季節感を感じることはほとんどなく、半袖・短パンで過ごしてきた。

しかし、ザンビアから寒さを感じ始め、バックパックからフリースを取り出した。夜明け前から歩き始めれば、寒さのあまり指先がかじかんだ。片方の手をポケットに突っ込んで温め、次はもう一方と、交互に繰り返しながら歩いていたが、さすがに耐えられなくなってリヴィングストンで手袋を購入した。

日に日に朝の冷え込みは厳しくなっていき、気温は5℃前後。ジンバブエに入ってからは長ズボンをはくようになった。

道路脇に並ぶ木々の葉は赤や黄色に染まり、落ち葉の絨毯《じゅうたん》にテントを張る毎日だ。5月の紅葉に違和感を覚えるが、ここは南半球で、季節は秋なのだ。

1台の車が止まり、南アフリカ・ケープタウンに住んでいるという男がコーラを差し入れてくれた。

「ケープタウンを目指して歩いているんだよ」

嬉しくて、つい饒舌《じょうぜつ》になってしまい、これまでの旅路を語り始める。そういえばヴィクトリアフォールズの町で、「写真を撮らせて」と言ってきたおばさんもケープタウンから来たと言っていた。

「南アフリカを目指しているのか」と最近はよく聞かれるようになったし、ジンバブエでは補助通貨として南アフリカの通貨ランドが使われている。はるか彼方だった南アフリカが「ぐっ」と近づいてきたことをひしひしと感じる。気がつけば、南アフリカと国境を接する国まで達していたのだ。


その後、ジンバブエ第2の都市ブラワヨに到着した。ダウンタウンの一角には衣料品マーケットがあった。路上のあちこちにシートが敷かれ、衣類が山のように積まれている。

もはや朝夕の寒さはフリース1枚で耐えられるものではなかった。防寒ジャケットがほしいと思っていた

目的地である南アフリカのケープタウンからやってきたという男（右）が、コーラを差し入れてくれた。

ので、地元民のおばさんに混じって衣類の山を漁《あさ》り、掘り出し物を探す。

アフリカのマーケットではたびたび見られる光景だが、これらの衣料品は、欧米や日本から届けられた支援品の横流しなのだろう。私が2ドルで買ったアウトドアブランドのジャケットにも、日本のタグがついていた。日本で誰かが着ていたジャケットがアフリカに流れ着き、ジンバブエで日本人が手にするというのもおかしな話だ。

買ったばかりのジャケットを着て、地元民で賑わう食堂に入った。頼むのはもちろんサザのセットである。

ウガリを初めて口にしたのはケニアだった。アフリカを代表する主食だが、ウガンダではポショ、ザンビアではシマと名前を変え、ジンバブエではサザと呼ばれるようになった。

ケニア以降、ウガリと同じく米を主食として食べる文化圏に入ったことは、私を喜ばせた。白米だけでなく、スパイスが効いた肉とトマトを炊き込んだピラウ、ヤギ肉やチキンの煮込み料理を白米にかけたぶっかけ飯は食欲を刺激し、なにを食べてもとにかくうまい。

ウガリは決して嫌いではないが、米とウガリという選択肢があれば、迷うことなく米を選んだ。米は言うまでもなく日本の主食である。この世に生を受けてから最も慣れ親しんだ食文化であり、私を育ててくれたものなのだ。

ウガリを美味しく感じ始めたのは、その味に慣れたからではない。ザンビアでシマと名を変えたウガリはふっくらとし、パサパサとしたケニアやウガンダのそれと比べたら、確実に洗練された味に変わっていた。

ルサカの大型スーパーに行けば、惣菜《そうざい》売場にはサンドイッチやパスタ、炒飯《チャーハン》にチキンなど、たくさんの料理が並び、豊富な選択肢があった。その中から私が手にしたのは、シマと煮込み料理のセットだった。

あんなにも米が好きだったのにおかしな話だと自分でも思う。右手でシマをつまみながら「またひとつアフリカを知り、地元民に近づくことができたな」とほくそ笑むのだった。

そんなシマを超えたのは、ジンバブエに入り、新たに名を変えたサザである。テーブルに運ばれたサザを見た瞬間、「うむ、これは違う」とグルメ評論家のように思わず唸った。皿に盛られたサザはやわらかな曲線を描き、白磁のように艶がかっている。

上品な輝きを放つサザを口に運べば、「ほほう」と私は目を見開いて、ひとり頷いた。シマと比べ、口当たりがさらに滑らかになり、繊細さが増している。どんどん手が伸び、止まらなくなってしまう。ジンバブエに入ってからはいつも以上に食事が楽しみになり、食堂に入れば必ずサザを選んでいる。

アフリカに限ったことではないが、言語に宗教、肌の色など、私と現地で暮らす人たちとの相違点は少なくない。しかし、食うという行為は人類共通であるし、生きていくうえでは不可欠なものだ。異なる食文化を舌で感じ、身体がそれを受け入れ、現地の味を心から共有しているのを感じたときは、得も言われぬ満足感に包まれるのである。

アフリカ南部では、牛乳パックのような紙パックに入った飲み物を地元民が飲んでいるのをよく目にした。メイズというトウモロコシを発酵させたチブクだ。メイズのカスが均等に行きわたるようにシェイクするので、「シェキシェキ」とも呼ばれている。

ビールより安く、量が多いため、貧困層が暮らす田舎ではチブクのほうが広く飲まれているという。どんな飲み物かと前々から興味をもっていたが、初めてチブクを買ったのはジンバブエだった。

チブクを求めて商店に立ち寄ったのではなく、目的はパンだった。タンザニア以来、パンにマーガリンをぬって食べることが多く、朝食は決まってパンである。食堂が現れないときや、小腹を満たしたいときの行動食の役割も果たしていた。

このあたりは電気が通っていないため、家々の前には太陽光発電のソーラーパネルが置かれている。村に1軒だけある商店も例外ではない。窓から差し込む陽光が照らすだけの店内は薄暗く、目が慣れるのにわずかな時間を要した。

品揃えが豊富とは言えないが、陳列されたチブクが占めるスペースは広く、大きな存在感を放っていたことが私の気を引いた。

値段を聞くと、「1ドルだよ」と店主のおじさんは言った。1・25リットルも入っているし、やはりビー

ブラワヨのダウンタウンで開かれていた衣料品マーケット。

バオバブの巨木の根元にテントを張る。

ルと比べたら割安である。話のネタにもなるし、どんなものか買ってみるか。チブクをひとつ手に取ると、おじさんは微かに微笑み「外国人もチブクを飲むんだな」とでも言いたげな、興味と好奇心が混じった眼差しを私に向けていた。

一日の歩行を終え、バオバブの下にテントを張った。この一帯にはバオバブの巨木が乱立していて、茜色の空をバックに巨大な影がいくつも浮かんでいる。夕食のラーメンを作るため、調理用ストーブに火を点ければ、「ゴウゴウ」と燃焼音が静寂を切り裂いた。

湯が沸騰するまでのあいだ「一杯やるか」と買ったばかりのチブクをさっそく開けた。カップに注いだチブクはコーヒー牛乳のような薄茶色をしている。若干の不安と緊張を覚えながら、未知なるお酒にそっと口をつければ、酸味が口の中に広がった後、するりと喉を伝い落ちた。

「アフリカンビール」とパッケージに書かれているが、決してビールの味ではない。飲み干した後、口の中にメイズのカスが残り、後味のよいものではないが、チブクは私の心をがっちりとつかんだ。

　アルコール度数は高くないものの、ほんのり酔わせてくれ、気持ちがよい。酒はビール党だったが、この日を境にチブク党に鞍替《くらが》えした。食と同じく酒も現地のものを飲むことで、その土地に一歩踏み込むことができ、さらに心が通い合う気がするのだ。

ジンバブエでは「サザ」と名前を変えたウガリ。
ザンビアのシマよりもさらに滑らかになり、
美味しくなった。

　1リットルのチブクを2日で飲み、なくなれば新たにチブクを買う。チブクはボツワナや南アフリカでも広く飲まれているが、ある村で買ったチブクのパッケージを見たとき、「なんじゃこりゃ?」と思わず吹き出してしまった。

『DON'T DRINK AND WALK ON THE ROAD, YOU MAY BE KILLED（お酒を飲んで道を歩かないでください。死んでしまうかもしれません）』

アフリカ南部で愛飲されているチブク。
ビール党だったが、初めて飲んで以来
チブク党になった。

「飲んだら乗るな」とはよく言うが、まさか「歩くな」とは……。チブクを飲みながら歩き、千鳥足でフラフラする人がいてもおかしくないが、まさに私へのメッセージではないか。

チブクの酔いも手伝って、腹の奥から笑いがこみ上げてくる。やがて体を大きく震わせ、夕暮れが淡く染めたアフリカの大地に笑い声が響きわたった。


ブラワヨから2日歩いて国境の町プラムツリーに到着し、そのままボツワナに入国した。これまで歩いてきた8か国に払ったビザ代は総額３２５ドルだったが、9か国目にして初めてビザ不要の国である。ボツワナはできる国なのだ。

ボツワナでもこれまでと変わらず、日の出前の暗い時間から歩き始めた。ほかのアフリカ諸国と決定的に違うのは、歩行者に配慮してハイビームを落とすドラ

2015年6月1日、ボツワナに入国した。

イバーが一定数いるということだろうか。タンザニアやザンビアでも暗い時間から歩いていたが、対向車のためにハイビームを落とすことはあっても歩行者は完全無視。そういうこともあって、アフリカ人らしからぬ配慮に驚いた。

そういえば、ヴィクトリアフォールズで会ったカナダ人サイクリストが、ボツワナの運転手を大絶賛していた。彼の言葉通り、安全に気を配り、ゆっくりと走る車が多い。

村の学校には、小さいながらもグラウンドにサッカーゴールが置かれていた。日本ではなんてことない光景だが、アフリカのサッカーゴールといえば、木で枠がつくられただけの簡素なものが大半なのである。そんな些細《ささい》なことであっても、やはりボツワナは違うなと思わされる。

警察のチェックポイントがたまに現れる。ジンバブエなら手を挙げて挨拶を交わし、ノーチェックで素通りできるはずだ。しかし、「ちょっと待て」と歩行停止を指示され、パスポートの提示を求められた。さらには「なぜ歩いているんだ?」と職務質問が続く。警察もなかなか仕事熱心である。やはりボツワナは違う。

路肩は広々として歩きやすいし、橙色の街灯が延々と続く首都近郊の景色は先進国そのものだった。ボツワナの首都はハボロネという。国際ニュースを通じて耳にした記憶もないし、この国に来なかったら知ることはなかった名前である。

エジプトからここまで宗教や文化、人種、食事など、あらゆるものが変化し、ザンビアからは物質的な豊かさを感じるようになっていた。悪路に苦しむことはなく、立派なアスファルトの道がどこまでも伸びる。品揃え豊富な大型スーパーマーケットやファストフード店、ショッピングモールをたびたび目にし、無秩序な喧騒はもうここにはない。

唯一変わらないものといえば、人の温もりだろうか。アフリカの人は宗教や人種に関係なく、常に優しさを示してくれ、ボツワナでも好奇心溢れる地元民が頻繁に声をかけてくる。

だが、よくも悪くも普通の日々である。撮りたいと思う景色がないので写真を撮ることも少なくなり、胸を熱くさせてくれる瞬間もめったにない。イレギュラ

フランシスタウン近郊のコンビニエンスストア。店員はみんな陽気な人たちだった。

ボツワナの『THE MIDWEEK SUN』という週刊新聞の取材を受け、記事が載った。

ーなことや、なにかおもしろいことが起こる予感すら感じず、私が思い描く「混沌としたアフリカ」の姿は、失われつつあった。

南部アフリカの旅は順調に進み、私は南アフリカとの国境があるラマトラバマに到達した。

南アフリカ
2015年6月13日~7月19日
㉙マフィケング
㉚ボーフォート・ウエスト
㉛ケープタウン
㉜喜望峰
地中海
紅海
大西洋
インド洋
29
30
31
32

◈32◈ 最後の国

「この国を歩いて旅するのは危険だよ」

ラマトラバマの国境で南アフリカの入国手続きを済ませた後、この国の治安について尋ねると、地元民は「デンジャラス」と口を揃えた。

「危ないのはヨハネスバーグなどの大都市だけで、田舎は大丈夫なんじゃないの?」

首都クラスの大都市や観光地で旅行者が犯罪に巻き込まれることはあっても、田舎はのどかで牧歌的というのが通説である。私がこれまで訪れた国々は例外なくそうであった。

「そう、田舎は大丈夫だよ」という答えが返ってくるのを願ったが、そんな期待とは裏腹に「たとえ田舎であろうとも、南アフリカはどこも危ない」と彼らは言った。

国境にいる警官からも「安全」という言葉を聞くことはできなかったが、「たまにここを自転車で通過する旅行者もいるし、大丈夫じゃないか?」と気休めの言葉をかけてくれた。いや、しかし、自転車と徒歩では1日に進める距離とスピードが4倍は違うのである。同じ人力ではあるが、同列に語ることはできない。

南アフリカ犯罪統計資料によると、この年の年間殺人件数は1万8673件、一日当たり約51件であった。厚生労働省の人口動態統計によると、同年に日本の「他殺」の死者数は314人。60倍もの違いがある。もうひとつつけ加えるなら、南アフリカの人口は約5000万人。日本の半分以下であることを忘れてはいけない。

エジプトからひたすら歩き続け、アフリカ大陸縦断最後の国、南アフリカに入ったことはもちろん嬉しかったが、そんな喜び以上に、地元の人ですら危険と言う治安に戦慄《せんりつ》を覚えた。早くもボツワナへ戻りたくなったが、危険を承知でここに留まっているのは、信念と意地でしかない。

国境からしばらく歩くと、車が止まって「どこへ向かってるんだ?」と男が声をかけてきた。しかし、「ケープタウン」と正直に答えることはせず、適当に返事を濁しておいた。申し訳ないが、目的地やルートを安易に教えたくはない。この国で最も危険なのは野生動物ではなく人である。自分の身は自分で守るしかなく、最大限の用心をしないといけないのだ。

翌朝、マフィケングという町が現れた。町の手前から片側2車線の広い道になり、一定間隔で街灯が並んでいる。

南アフリカはアフリカで最も治安が悪い国のひとつだが、アフリカ最大級の経済大国でもある。GDPはナイジェリアに次ぐ第2位、アフリカで唯一サッカー・ワールドカップが開催された国だ。そんな事実を裏づけるかのように、地方の町ながらも発展しているように思えた。

中心へ歩いていくと、エジプト以来実に8か月振りのマクドナルドが現れた。大都市ならまだしも、ここはマフィケングという聞いたこともない町である。さらには別のファストフード店や大型スーパーが続々と現れ、上京して間もない田舎者のように、見るものすべてが眩《まぶ》しくて新鮮に映った。

インフラは整っているし、物質的な貧しさはまったく感じられない。もしかしたら皆が言うほど危険な国ではないのではないか。しかし、ガソリンスタンドの店員は「ベリーデンジャラス」と「ベリー」をつけて、この国の危険を強調した。

「暗くなってからの歩行は避けること。強盗に遭《あ》ったら絶対に抵抗せず、おとなしく金をわたすんだ。抵抗したら撃たれるからね」

海外旅行の基本ともいえるアドバイスをしてくれた。これまで多くの国を訪れたが、外務省やガイドブックが注意喚起するならまだしも、地元民からこんなアドバイスをされるのは初めてのことである。

「抵抗したら撃たれる……」彼は当たり前のように言ったが、どこか遠い国の話に聞こえた。現実味のない言葉だが、今まさに私はそんな世界にいるのである。

そして「ベリーデンジャラス」という言葉を肌で感じたのは、この直後だった。

町の郊外は人通りがまったくなく、漆喰《しっくい》の壁が剥がれた廃墟のような建物が並んでいた。アンモニア臭が漂い、デコボコに荒れた歩道には、スーパーマーケットから盗み出されたショッピングカートがなぎ倒され

マフィケングという町で、エジプト以来の
マクドナルドが現れた。

ラマトラバマで、アフリカ徒歩行最後の国、
南アフリカに入国した。

初めて現れたケープタウンまでの距離。あと1045キロだ。

ている。そこに男が腰かけ、10人くらいの荒くれ者が周りを囲んでいた。30パーセント近い失業率を物語っているかのような光景だ。瞳を鋭く光らせ、乾いた空気の中を張り裂けるような殺気が漂っている。

やばいところに足を踏み入れたんじゃないか……。

危険が迫っていることを警告するかのように激しくライオンの檻の中に放り込まれたウサギの気分である。胸が鼓動し始めた。脂汗が滲み、表情が強張ってしまいそうだが、そんな心の動揺を相手に見透かされたくはない。冷静を装い、「襲うなよ」と念じながら足早に通り去った。

マフィケングを抜けると、すぐに見わたす限りの荒野が広がった。ダチョウがのんびりと歩くのどかな景色を目にすれば、無意識のうちに「はあーっ」と重苦しい息を吐き出していた。膨らんだ風船から空気が抜けるかのような心地があり、硬直していた身体が一瞬にして緩んだ。

声をかけてきた運転手に治安を聞けば、「このあたりは安全だよ」という言葉にほっとする。南アフリカ

マフィケングを抜けると荒野が広がり、ダチョウがのんびりと歩いていた。

では挨拶を交わした後、治安について尋ねるのが常になっていた。

しかし、安全といわれる田舎であっても朝夕の暗い時間の歩行は避けることにした。1日の歩行距離は10キロ減らして50キロに下方修正する。油断と過信は禁物だ。この国では慎重になりすぎるくらいがちょうどいい。

最も怖いのは夜だ。南アフリカでもこれまでと同じようにテントで夜を過ごしたが、安全がなにより求められるので神経質になりながら場所を選んでいる。

野営のため道路を外れるときは、注意深く周囲を見回して近くに車や人がいないことを確認する。警察署にテントを張らせてもらうこともあった。


フライバーグという町の外れにテントを張った翌朝、数分歩いた先に現れた景色を見て、ゴクリと唾を飲み込んだ。

「絶対に近づいてはいけない場所だ」

第六感が警鐘を鳴らし、動悸《どうき》が激しくなっていく。

目の前には、錆びたトタンや板など廃材を継ぎ合わせ

治安が悪いと言われる南アフリカでは、警察署にテントを張らせてもらうこともあった。

て造られたバラック小屋が無数に建ち並んでいた。周囲にはゴミが散乱して汚く、異様な雰囲気がある。

かつて、黒人はアパルトヘイト（人種隔離政策）により住む地域を決められ、強制的に押し込められていた。1994年にアパルトヘイトは撤廃されたが、貧富の差は縮まるどころか拡大した。失業問題により治安は悪化し、タウンシップと呼ばれる黒人居住区は、現在も国中に点在している。

私が日本にいたとき「アフリカは貧しい」という報道や、募金集めの謳《うた》い文句があちこちに溢れていた。貧しくないと話題にならないし、お金が集まらないのだろう。日本で見聞きしたアフリカの子どもたちは飢えてガリガリに痩せ細り、たくさんの人が内戦で家を追われていた。

ネガティブなイメージしかもっていなかったアフリカに戦々恐々としながらやってきて、自分の足で一歩一歩アフリカの大地を踏みしめた。私が目にしたアフリカは、日本で見聞きしたものとは大きく異なり、思っていたよりもずっと平和でよいところだった。

貧しさを感じることは何度もあったし、電気や水がない不便な生活を目の当たりにもした。もちろん、私が知るアフリカはアフリカのほんの一部にすぎないし、上辺しか見ていないのかもしれない。

しかし、彼らから悲壮感やネガティブな印象を抱いたことはあまりなく、身の危険を感じたことは一度もなかった。藁葺き屋根の簡素な家々からは温もりとアフリカらしさを感じたものだが、ここはちょっと違った。

タウンシップは、貧困や差別を受け続けてきた歴史が集積され、巨大な負のエネルギーが満ち、渦巻いていた。「南アフリカは危険」という先入観があったのは確かだが、身の毛がよだつような恐怖を覚え、「すぐにここを離れないといけない」と直感した。

すでに、ここで暮らす人たちの一日は始まっていた。朝食の準備をしているのか、あるいは暖をとるためか、焚火《たきび》の炎があちこちに見える。

こちらの存在を気づかれてはいけないと思ったが、道路をわたった先の茂みで用を足している人の姿があった。彼らに近づいたときは心臓が縮み上がり、タウンシップを通り抜けるまで生きた心地がしなかった。

その後も、頻繁に後ろを振り返りながら注意深く歩いた。登校中の子どもたちを目にしたとき、ようやく安全圏に入ったことを実感した。緊張状態が解け、ピンと張っていた糸が弛んだかのような安らぎが身体を包み込んだ。

一日の歩行を終え、テントで横になり、ぼんやりと宙《そら》を見上げた。地図を広げれば最終目的地の喜望峰まで1200キロもある。治安が悪い南アフリカでは途方もない距離に感じられる。果たして無事に喜望峰まで歩き抜くことはできるのだろうか……。

南アフリカの旅が始まったばかりだというのに、不安が胸を圧迫し、息苦しかった。疲弊した心身はグッタリと重く、絶望の淵《ふち》に沈んでいくかのような気分に陥った。

◎33◎ 強盗

ヴィクトリア・ウエストという町の手前にも、廃材でつくられた小さな家々が集まり、タウンシップを形成していた。貧しさのレベルで住み分けされているか

道路横の荒れ地にオリックスが姿を見せた。

のように、道路の向かいにはバラック小屋より少しましな煉瓦《れんが》の家が並び、さらに先には生活水準の高そうな家がある。

貧富の差は、南アフリカに限らずどこにでも存在するものだが、アパルトヘイトという歴史があったからか、今もなお、深い闇の中で悪の火種が燻り続けているのを感じる。

町の中心へ歩いていくと墓地が目に入った。墓碑が7つ建てられているのを見たとき、ここが墓地であることを理解したが、地面に石が置かれただけの簡素な墓が大半で、最初はここが墓地だとは思わなかった。

このときは視界に映った景色以上の意味を感じなかったが、さらに歩いた先に立派な墓碑が無数に並ぶ墓地があり、あまりの違いに戸惑い、言葉を失った。

アパルトヘイト時代、ホテルやレストランはもちろん、バスに列車、ベンチ、公園、トイレなど生活の隅々に至るまで黒人は白人と分け隔てられていた。アパルトヘイトが廃絶されて20年以上が過ぎた今、そんな差別を見ることはないが、この墓地は負の歴史を語り継いでいるかのようだった。死後に眠る場所まで住

周りになにもない道をのんびりと、けれども緊張感をもって歩いた。

み分けられていた事実に、複雑な思いを抱いた。

アフリカで目にする白人といえば支援団体関係者が大半だったが、ザンビア以来、その地に居住する白人の割合が高くなった。南アフリカは人口の９パーセントが白人である。

アフリカ大陸は黒人の土地という印象が強く、アフリカで暮らす白人に違和感を覚えることもあった。しかし、この地で生まれ育った彼らにとってもこの国は母国であり、母なる大地なのだ。

「なにも問題はないか？」と歩行中に声をかけてくれる人も少なくない。この日もステファンと名乗る若い白人の男に声をかけられた。

車がぼろいので一瞬身構えたが、穏やかな表情をした、清潔感ある青年で、水とバナナをわたしてくれた。携帯している水が残りわずかだったので、救われた気分だった。

夕方、緩やかな長い坂を上り終え、下りにさしかかろうとしていたとき、1台の車が止まった。そちらに目をやると、ステファンが微笑みながら手を振ってい

ボーフォート・ウエストの手前でステファンと彼の母親から差し入れをもらった。

た。彼の母親も一緒で、慈愛に満ちた優しい眼差しに心が安らいだ。

ステファンは食べ物などが入った袋を私に差し出した。どれもエネルギー補給に優れたもので、嬉しい差し入れだ。私のことを考えて、これらのものを選ぶステファンの姿が頭に浮かんだ。そんな気持ちがなにより嬉しかった。

「ありがとう」手を振って彼らに別れを告げた後、道路から離れた茂みの中にテントを張った。日に日に寒さは増しており、冷たい夜気に身震いしつつも、心はポカポカと温かかった。

翌日、ボーフォート・ウエストに到着した。19世紀末に建造されたネオゴシック様式の教会が残り、カルー国立公園への観光拠点となる町だ。スーパーマーケットで数日分の食料を購入する。

スーパーで買い物をするときは、やはり荷物が心配だ。そのためリヤカーを店内に入れさせてもらったり、屋外の荷物預り所に置かせてもらったりしている。

町並みはきれいだが、スーパー周辺では獲物を物色するかのようにガラの悪い若者がたむろしていた。やはりほかの町同様に雰囲気はよくなく、ナイフの刃を剥き出しにしたような不穏な雰囲気が漂っている。

町の中心を抜ければ建物もどんどんと減っていき、景色は再び殺風景な荒野に変わりつつあった。そんなとき、前方からやってくる3人の男に気づいた。彼らとすれ違えるほど、路肩に十分な幅はない。

「なんでこっちの車線にいるんだよ。逆車線を歩けよ」

次第に大きくなってくる3つの影を見ながら、そんなことを思った。男たちはしきりに後ろを振り返っていた。車が来ていないのを確認しているようだ。道路をわたろうとしているのだろうかと思ったが、そんな気配は見られない。

ステファンが差し入れてくれた食べ物や飲み物。とても嬉しかった。

目の前まで迫ってきた彼らに手をあげて、「ハロー」と挨拶した瞬間だった。黒いニット帽をかぶった男がリヤカーを掴んだ。突然の行動にこの状況がまったく飲み込めない。私は恐怖に襲われた。一体俺がなにをしたというのか。なにがなんだかわからず、無我夢中で振り払おうとするが、男の手は離れない。目に映るすべての動きがゆっくりと流れていく。彼らが強盗であると気づくのに時間はかからなかった。

白昼堂々強盗に襲われることなど想定しておらず、金融機関のように強盗撃退マニュアルなど準備していなかった。頭の中を整理しようと試みるが、感情や思考がごちゃごちゃと絡み合い、その紐をほどくことができない。

そんな混乱状態ながらも、この状況が非常に「マズい」ということだけは理解した。ニット帽の男がリヤカーを抑えつけているあいだに、ほかのふたりが荷台から荷物をひったくっている。

このあいだにも数台の車が走っていたが、停車することも助けることもせず、なにごともなかったかのように素通りしていく。眼鏡をかけた初老の白人ドライバーと目が合ったが、「お気の毒に」という表情を浮かべていた。

被害者からしてみれば薄情としか思えないが、見て見ぬふりというのは、南アフリカではもちろん、治安が悪い国での常識だ。仕返しが怖いし、面倒に巻き込まれたくない。自分の身を守るためには、そうせざるを得ないのだ。そんな心情は十分に理解できる。

しかし、今まさに強盗に襲われている当事者が、それをただ傍観するというのは難しいものである。

最初から銃を向けられていたなら、「はいどうぞ。好きなものを好きなだけ持っていってください」とお手上げ状態に違いないが、凶器を見せられなかったことが私を強気にさせた。

「強盗に遭ったら絶対に抵抗せずおとなしく金をわたすんだ」と地元民からアドバイスをされていたが、リヤカーを左右に激しく動かし、「おい、ふざけんなよ。お前なにやってるんだ」と声を荒げ、必死に抵抗した。

そんな私の抵抗を見て、赤い服を着た若い男がズボンのポケットからナイフを取り出し、刃を見せて脅してきた。しかし、ダガーナイフならまだしも、刃が薄い小さなカッターナイフでは私を怯《ひる》ませるには至らなかった。

男たちはほかの荷物も狙っていたが、これ以上奪い取るのは難しいと判断したらしい。ガードレールを飛び越え、鉄道の線路上に架かる陸橋の向こうへ消えていった。

幸いカメラが入ったバッグは無事だったのでカメラを取り出し、逃げていく男たちの後ろ姿を何枚か撮る。正面からの顔は撮れなかったが、服装など犯人特定の手がかりになるかもしれない。

町の中心を抜けたところで強盗に遭った。
3人組はガードレールを越え、逃げていった。

路上にポツンと残されたリヤカーに目をやった。たった今強盗に遭ったという現実味がまるでないが、興奮で顔が上気していた。心臓が大きな音を立てて脈打ち、膝頭がガクガクと震えている。

荷物を確認してなにが奪われたのか見てみると、スーパーで買ったばかりのパン2斤とチョコレートクリームが入った袋、歯ブラシやトイレットペーパーなど生活用品、昨日ステファンからもらった食料がなくなっていた。

そしてもうひとつ、最も大事なものが奪われていた。パスポートである。

34 ボーフォート・ウエストでの7日間

パスポートを奪われたのは自ら招いた不注意だった。普段、パスポートは腰巻の貴重品袋に入れている。スーパーで買い物をした際に貴重品袋からお金を出したが、その貴重品袋をズボンの中に隠し忘れていた。そしてそれに気づいた強盗がひったくったのだ。現金とカードを貴重品袋の中に戻さず、ジャケットのポケットに入れていたのは不幸中の幸いだった。

言うまでもなくパスポートは、私が日本国民であることを証明し、国境を越えるときに必要なものである。犯人を捕まえてパスポートを取り戻したいし、最悪再発行するにしても盗難証明書が必要になる。まずは警察に行かないといけない。

近くで速度違反の取り締まりをする女性警官がいたので、警察に連絡するよう頼んだが、交通警察にとっては業務外なのか、電話すらしてくれなかった。「あなたも警察の一員だろ？」と言いたくなるくらい役に立たない。

さらに進んだところに建設現場があり、警察に電話してもらった。強盗に遭ったことを話すと、作業員の男は「またか……」と苦虫を嚙み潰したような顔色を浮かべ、「このあたりは危ないんだよ」と言った。

これでひと安心と思いきや、待てども待てども警察はやってこない。「もう一度お願いします」と改めて電話してもらうが、30分経っても警察が現れることはなかった。

「一体どうなっているんだ？　なにをトロトロやっている！」

アフリカで最も発展した国なので日本並みに警察は優秀であり、屈強で頼れる警官がすぐに駆けつけると思っていたが、思い切りアテが外れてしまった。こうしてムダな時間を過ごしているあいだにも犯人はどこかに身を隠し、遠くに逃げているかもしれない。そう考えると焦りと苛立ちが募るばかりだった。

「これ以上待っても警察は来ないだろう。車で警察署へ連れて行ってやるよ」と言う作業員の好意に甘えることにした。

警察署に着き、応対した警官に事件の詳細を説明した。パソコンの画面には私が撮影した犯人の横顔が映し出されている。写真を指差しながら、数人の警官がなにやら話していた。

この程度の写真では犯人を捕まえるのは難しいと思っていたが、犯人が誰であるか、すでに特定しているようだった。もしかしたら強盗の常習犯なのかもしれない。通報しても現場にやってこなかった警察だが、意外にも仕事は早かった。

「犯人のところへ行ってくる」

ブラウというちょび髭を生やした黒人の警官が意気揚々と出ていったときは、期待で胸が膨らんだ。思ったよりも簡単に事件が解決しそうである。しかし1時間後に戻ってきた彼は、犯人を捕まえたわけでもパスポートを取り戻したわけでもなかった。犯人の家へ行ったが不在だったらしく、「明日パスポートを取り戻す」と彼は言った。

警察の車で建設現場へと戻った。作業員にお礼を言い、預かってもらっていたリヤカーと荷物を車に積み込んだ。夜は警察署にテントを張らせてもらう。テントで横になり、重苦しい溜息を絞り出した。ようやく気持ちが鎮まり、一日のできごとを振り返るが、未だに強盗被害に遭ったという実感が湧かなかった。

病気や治安など、不安要素がいくつもあったアフリカだが、思っていたよりも安全で大きなトラブルはなく順調に進んでいた。過信や慢心があったわけではないが、「順調すぎてネタが少ない。なにかトラブルでも起こらないかな」と不謹慎なことを考えた矢先のできごとだった。

先回りして待ち伏せされたり夜間にテントを襲われたりなど、徒歩で世界を巡る上でのリスクはある程度覚悟していた。運という要素はもちろん大きいが、テントの設営場所には細心の注意を払い、南アフリカでは朝夕など暗い時間帯の歩行は避けるようにしていた。

襲われないための努力はそれなりにしてきたつもりだ。その甲斐あって5年半、5万キロをなにごともなく歩いてきただけに、白昼堂々強盗に襲われたという事実に大きなショックを受けた。

翌日、ブラウは再び犯人の家に向かった。しかし2時間後、「犯人を取り逃がした」と苦々しい表情をして戻ってきた。

「犯人の男は走っている列車を飛び越えて逃げていった」

どれだけ話が脚色されているかはわからないが、どうやら犯人はジャッキー・チェン顔負けのアクションをこなしながら、映画『逃亡者』のような逃亡劇を繰り広げているらしい。

「犯人を取り逃がした」という言葉に私はがっくりと肩を落とした。警察が動いていることを犯人は察知し

ボーフォート警察。逃げていく３人組の写真が犯人特定につながったようだ。

ている。捕まらないために逃亡したり、どこかに身を隠したりする可能性がさらに高まった。

「パスポート再発行のための盗難証明書をこれから用意するよ」

盗まれたパスポートをあきらめ、再発行するという流れになりつつあった。たしかに、パスポートは日本領事館で再発行できるので致命的な状況ではない。しかし５年間、世界を歩いて訪れた国のビザや入国スタンプが押され、思い出と記録が詰まった大切なパスポートである。取り戻せるなら取り戻したいという思いが強かった。

犯人の素性がわからないというならまだしも、家も名前も割れているのに、このままあきらめるという気にはなれなかったのだ。

「しばらくこの町に滞在してパスポートが戻ってくるのを待つよ」

「やるだけのことはやるが、絶対にパスポートを取り戻すと約束はできない」ブラウはそう言ったが、彼を信じるしかなかった。

前日は警察署にテントを張らせてもらったが、これ

ボーフォート・ウエストのタウンシップにある犯人の家。窓から中を覗く。

以上お世話になることはできない。町には数軒の宿があり、一泊150ランド（1500円）の宿へ移る。

「たいへんだけど、このお金でなにか食べなさい」

荷物をまとめていたら、女性警官のおばさんが50ランドをわたしてくれた。心が暗く沈んでいるときだからこそ、その優しさが身に沁《し》み、泣きたい気持ちになる。

奪われた貴重品はパスポートだけだが、前日にステファンからもらった差し入れも失った。彼らの温かな気持ちを強く感じていただけに、とても申し訳なく思った。犯人はモノを奪っただけでなく、私が大切にしていたものを土足で踏み荒らしていった。

「犯人を捕まえた」

翌日、宿にやってきた警官の言葉は私を興奮させた。パトカ

パスポートを奪われたため、
警察が仮のIDを発行してくれた。

ーで警察署へ向かうと無機質で寒々しい空間の中に鉄格子があり、その中に3人の男がいた。あのときは目を血走らせ、威勢のいいライオンだったが、鉄格子の中の男たちは囚《とら》われの小羊状態でしょげ返っている。

「こいつらで間違いないか?」と白人の警官が尋ねてきた。目の前の3人に対し、「こいつらが犯人だ」という絶対の確信はなかったが、リヤカーをつかんだ男の顔に見覚えがあった。左にいる男はナイフを向けてきた男に似ている気がする。

「パスポートはもうひとりの男が持っている」と彼らは供述した。私からパスポートを奪った男はここにはおらず、目の前にいるもうひとりはどうやら無関係らしい。期待があった分、大いにがっかりさせられた。

鉄格子の中にいる男たちの顔を見れば、殺気立った憎悪以外の感情は湧いてこない。お前たちのせいで今この最悪な状況に陥っているのだ。唾を吐きつけ、殴りかかりたい衝動に駆られたが、その怒りはなんとか抑えた。ここは法治国家だし、アフリカの支局で記者をしていた人が伝えてくれた言葉を思い出したのだ。

「銃を向けられて金を要求されたら素直に応じよう。強盗を撃退した日本人が、後日仲間を呼ばれてリンチされたという話をよく聞く」ここで手を出せば、後日仲間を呼ばれてリンチされかねない。

その後も、犯人を捕まえたという吉報を待ち続け、状況確認のため毎日のように警察署に足を運んだ。血がべったりとついたナイフを押収した警官が慌ただしく動き、壁には行方不明になった少女の情報を求めるポスターが貼られている。この国の治安の悪さを再確認させられる。また時には、ブラウと一緒に被害現場近くを訪れてパスポートが捨てられていないか探し回った。

ボーフォート・ウエストに7日間留まったが、なんの進展もなく、吉報が届くことはなかった。ある日ブラウが、「ついてこい」とパトカーに乗車するよう促した。彼と一緒に小さな家々が密集するタウンシップへと向かった。この一角に犯人の家があるらしい。

警察と一緒なので危害を加えられることはないが、殺伐とした空気が漂い、ひとりで歩けばすぐに身ぐるみ剥がされるだろう。

大人たちは突如現れた警察車両に猜疑《さいぎ》深い顔を向けるが、それとは対照的に子どもたちは無邪気な笑顔を見せて手を振った。不安と緊張で強張る顔を崩して微笑み返したが、うまく笑えたかはわからない。

タウンシップで暮らす協力者の元を訪れたが、「いないよ」と男は肩をすくめた。どうやら彼が警察に情報提供しているらしい。一縷の望みを託し、パスポートに1000ランド（1万円）の懸賞金を懸けて、見つかれば買い取る旨を伝えた。1万5000円あればパスポートを再発行できるが、もはやそういう問題ではなく、なんとしてもパスポートを取り戻したかった。

色褪せた煉瓦造りの家の前で車は停まった。

「ここが犯人の家なのか？」

ブラウは無言で頷き、車のドアを開けて家へ向かった。周辺の家々と同じく箱型の小さな家だ。花のひとつでもあれば違ったものになるはずだが、華やかな色はなにひとつ存在せず、曇天と相まって殺風景な印象しか与えない。

扉に手をやるが、鍵がかけられていた。裏側に回り、窓から部屋を覗き込んだ。やはり中には誰もいない。ベッドが置かれているだけの質素な部屋だった。テレビや冷蔵庫など家電製品はなにひとつない。

連日警察がやってくるからか、隣で暮らすおじさんは首をかっ切る仕草を見せて、「こいつはクソ野郎だ」と吐き捨てるように言った。

犯人がどこに逃げているのか、どこに隠れているのかわからず、警察もお手上げなのだろう。ブラウがあきらめの悪い私をここに連れてきたのは、捜査が行き詰まり、これ以上進展が望めないことを伝えるためだった。

警察署で目にした血のついたナイフを思い出した。これが南アフリカの現実なのだ。私が外国人旅行者だから時間を割いてくれているが、凶悪犯罪が頻発するこの国では、本来この程度の犯罪であれば有耶無耶に扱われてもおかしくない。

先日捕まった男たちがどうなったか知らないが、罰せられることなく釈放されているのだろう。凶悪犯罪でもない、たかが強盗で犯人を拘留していたら、犯罪多発国の警察署はパンクしてしまうはずだ。

犯人の家も名前も割れているのに、結局男を捕まえられず、パスポートが戻ってくることはなかった。殺気を帯びた憤怒が湧き上がり全身に広がっていく。たまらず家の壁を蹴り上げ、やり場のない怒りをぶつけた。ブラウはなにも言わず、ただじっと見つめていた。

「ほんとうにケープタウンまで歩いていくのか?」

「イエス」とひとこと呟いた私を、ブラウは不安げに見つめた。

「危険だからバスで向かうべきだ」と彼は勧めたが、それは私にとってギブアップを意味する。ここでアフリカ大陸縦断を終わらせるわけにはいかないし、犯人に屈したくはなかった。

「Keep strong. keep going（頑張って歩き続けろ）」

　スーダンで出会ったサイクリスト、ジョンソンとは連絡を取り合っており、強盗に遭ったことを知った彼からの言葉は、私を強く励ました。その言葉を胸に刻み、再び歩き続けることを選んだ。7日を過ごした宿の従業員に見送られ、ボーフォート・ウエストを出発した。

　早朝のため人通りの少ない町を抜ける。注意深く周囲を見回し、警戒レベルをマックスに引き上げた。事

7日経ってもパスポートは見つからず、ボーフォート・ウエストを発つことにした。

件現場が近づくにつれ、不安と恐怖が膨らんでいき私の心を締めつける。

前方から人がやってくれば、あのときの光景、3人の男が歩いてきたシーンが鮮明に蘇ってきた。

「ああん、俺を襲うつもりなんか」

できる限りの強面をつくって無差別に睨みつけ、無事に通り過ぎれば、「ほっ」と胸をなで下ろす。そしてあの忌々しい事件現場に戻ってきた。

あのときスーパーに立ち寄らなければ……、のんびり昼食をとらなければ……、10分早くここを通過していたなら……。

いくつもの「もしも」を羅列して、さまざまな仮説を立ててみるが、数々の要因が重なってあのタイミングになったのだ。仮になにごともなく通過しても、交通事故に遭ったり、凶悪犯罪の被害者になったりしていたかもしれない。これが私の運命だったのだと割り切れば、いくらか楽な気分になる。

気持ちが浮き沈みし、いろいろな思いが交錯するなか、大きな深呼吸をひとつして、新たな一歩を踏み出した。

強盗に遭ってから、道路の下など人目につかない場所にテントを張るようになった。

しかし白昼堂々、強盗被害に遭った事実は私の心に大きなショックを与え、トラウマになりそうだった。できることならもうこの国を歩きたくない。しかし、ケープタウンまでの残り500キロを歩き抜くのだという意地だけが、脆く繊細な心を辛うじて支えていた。

後ろで車が止まるのに気づいたが、事件から間もない今、さすがに無人の荒野で談笑する気にはならなかった。申し訳ないけど気づかぬフリをして歩いていると、静寂を切り裂くかのようにクラクションの音が鳴り響いた。

「ドキッ」として、おそるおそる後ろを振り返れば、顔いっぱいに笑みを浮かべたおじさんが、「パンをやるよ」という仕草を見せた。お礼を言って受け取ったパンは、ほんのりと温かく、優しさを伴った熱がじわじわと肌に伝わってきた。

35 喜望峰

ボーフォート・ウエストから数日歩くと、前方に山々が聳《そび》えていた。南半球は冬に入り、頂をうっすらと冠雪させた山も見える。タンザニア以来、起伏がほとんどなく単調な景色がずっと続いていたので、景色を楽しみながら歩くのは久々だ。

道は山間へと切り込んでいき、眼下に小川が流れているのが見えた。美しい景色が現れるたびに足を止め、写真を撮りながら歩いていたら、「この先は危険だからカメラを出すな」と通りすがりの青年が忠告してくれた。坂の下に家々が見えたが、目を凝らせば粗末なバラック小屋が密集している。

これまで目にしてきたタウンシップは町の外れにあり、なにかあったとしても町へ行って助けを求めることができたが、ここはタウンシップだけがぽつんとあり、小さな村を形成している。路上では数人の男が等間隔に立っていた。ヒッチハイクしているように見えたが、彼らの手にはブドウがあった。道行く車にブドウを売ろうとしているのだ。

デ・ドールンズ周辺はワインの産地で、道路の両側に広大なブドウ園が続いている。「泥棒が売る盗品のブドウを買わないで」と注意喚起する看板を何度か目にした。彼らはブドウの生産者ではないだろう。生産者から委託されて売っているのか、盗んだものなのか定かではないが、後者の可能性が極めて高いはずだ。

さらに歩くとオレンジ園があり、オレンジを収穫しているおばさんが大きく手を振ってきた。ついさっきまでの緊張感から180度変わって、ほのぼのとしたコミュニケーションだ。私は笑みを浮かべて手を振り返した。


坂を上り、「ふうっ」とひと息つけば、遠くに青い海が見えた。エジプトのマルサ・アラム以来、10か月ぶりに目にする海だ。目の前に現れた海を前に歓喜や感動、興奮に安堵、さまざまな感情が混ざり合い、胸が熱くなった。そんな熱を冷ますかのように乾いた風が吹き抜けていく。

正面に見える大きな山は、ケープタウンの象徴テーブルマウンテンだ。頂上部は平坦で、その名の通りテーブルのような形をしていて、裾野にはケープタウンの街が広がっている。

その後、ケープタウンが近づくにつれ交通量は増え、テーブルマウンテンもどんどんと大きく迫ってくる。


それと同時に、路上生活者の住処《すみか》もポツポツと現れ始める。

標識に従い、時には道を尋ねながら中心部を目指した。アフリカ有数の世界都市である。リヤカーを引いて歩く姿は明らかに浮いていたが、宿泊を予定していた宿に無事到着した。

ケープタウンに辿り着き、身体中が解きほぐれるかのような安堵感に包まれていたが、まだ終わったわけではない。アフリカ大陸の最終目的地は喜望峰なのだ。ケープタウンに3泊した後、最後の70キロの歩行が始まった。

前日に、パスポートの再発行手続きのため高層ビルの21階にある日本領事館を訪れた。ボーフォート・ウエスト滞在中に領事館と連絡を取り、日本から戸籍謄本を送付していたのでスムーズに手続きは進んだ。

説教されたり、嫌味を言われたりするのが嫌なので、歩いていることは隠し、「人力旅をしている」と核心部は濁しておいたものの、アフリカ大陸を徒歩で縦断している人間の存在はすでに知られており、「あなただったんですか」と領事館職員に驚かれた。

ケープタウン近郊。エジプト以来の海が見えた。大西洋だ。

ケープタウンのシンボルであるテーブルマウンテン。

ケープタウンは観光都市なので安全というイメージを抱いていたが、あくまでヨハネスバーグよりは安全というだけで、邦人が被害に遭うケースも少なくないらしい。犯罪発生件数はヨハネスバーグが上だが、犯罪発生率はケープタウンのほうが高いとのことだ。

ケープタウンの郊外に大きなタウンシップがあると聞いたときは嫌な予感がした。宿の従業員も「郊外は危ない」と言うくらいだし、どうしたらいいのか……。

交通量が多く、タウンシップを避けるルートを教えてもらったが、最後の最後まで気を抜くことができない国だ。今さらではあるが、歩いて旅をするべき国ではないと思い始めた。

「危険な南アフリカを１４００キロ歩いて強盗被害が一度というのは、確率的になかなかいい数字なんじゃないですか?」岩のようにがっちりとした領事館職員に聞いてみたら、「悪くはない」とのことである。

これ以上なにも失いたくないので、万が一に備えて荷物の大部分を宿に残すことにする。持って行くのはカメラに雨具、生活用品など最低限の荷物だけだ。

宿を出て少し歩けば、歩道に堂々とテントが張られていたので足早に通過する。さらにその先には5人の路上生活者がいて不穏な空気を感じた。彼らの近くを通るのはまずいと判断、気づかれないように踵《きびす》を返し、迂回路《うかいろ》を探す。その後も茂みの中にテントが張られていたり、雰囲気が悪い場所もあったりしたが、なんとか25キロ先のミューゼンバーグに辿り着いた。

「ミューゼンバーグまで来れば安全だよ」と聞いていたが、その言葉通り、ここからは海沿いの道が続き、白亜の邸宅が建ち並んでいる。潮の香りを懐かしみながらサイモンズタウンまで歩いた。

一夜明け、アフリカ大陸３１６日

サイモンズタウンに向かう道。この辺はもう大丈夫だ。

目の朝を迎えた。喜望峰へ向け、最後の歩行が始まる。

　淡いピンク色に染まった空が美しかった。スーダンの砂漠やトゥルカナ湖沿岸を歩いていたとき、毎朝のように地平線から昇る太陽を眺めていたが、アフリカ大陸の徒歩旅で拝む日の出はこれで最後だ。

　喜望峰はテーブルマウンテン国立公園に属している。国立公園に入ると緑の灌木が一面に絨毯のように広がっていた。灰色の雲が空を覆っていたが、雲の隙間から細長い筋状の光が差し始めた。

　モノクロ写真のようにくすんだ景色に光が差し、生の息吹を吹き込まれたかのように緑が輝いていた。空は鮮やかな青に変わり、陽光を反射させた海は瞬きをするかのようにキラキラと光っている。私の到着を祝してくれているかのように思えた。最後の最後に最高のご褒美だ。

　アレクサンドリアからここへ至るまでの長い旅路を振り返れば、数えきれないくらいに重ねた人々との出会い、幾度となく救いの手を差し伸べてくれた人たちの顔が浮かび、さまざまなシーンが蘇ってきた。

「なぜ歩いて旅をしているの？」「あなたと会うためだよ。歩いているから、今こうしてあなたと出会えたんだよ」

　アフリカで暮らす人たちと何度もこんな会話を交わした。彼らがこの気持ちをどれだけ理解してくれたかわからないが、いつも穏やかな目で私を見つめ、優しく笑ってくれた。

　多くの人に支えられてここまで来たのだという事実を再確認すれば、無性に泣きたい気持ちになった。

　皆が裕福な生活を送っていたわけではなかったし、行きずりの旅人など無視することもできたはずだ。それなのになぜこんなにも優しくなれるのだろう。アフリカではたくさんの物乞いを目にしたが、私もまた、人の優しさをもらって生きる物乞いだったのかもしれない。

　ひとつひとつの出会いが私を励まし、勇気づけ、背中を後押ししてくれた。アフリカの人たちから温かな気持ちをもらい続けた結果、ここまで辿り着くことができたのだ。彼らに伝えたいと思った。

「喜望峰に着いたよ」と。

出発前、喜望峰に立って大西洋を眺める自分の姿を頭に思い描こうとしたが、まったくイメージできなかった。1万キロを超える途方もない距離はもちろん、不安要素がいくつもあり、現実的なものとして捉えられなかったのだ。

過酷だった東方砂漠やトゥルカナ湖西岸を歩いていたとき、あるいは強盗被害に遭った後、歩くのをあきらめそうになったが私は歩き続けることを選んだ。

あのときイメージできなかった大西洋が目の前に広がっていた。私は喜望峰に立っていた。

最果ての岬で静かに終わりたいという思いもあったけど、意に反して、「CAPE OF GOOD HOPE」と書かれた木製の碑の周りにはたくさんの観光客がいた。

「どこから来たんだい?」と声をかけてきたおじさんにエジプトから歩いてきたことを話した。

「ここで終わりなんです」と口にしたときは思わず言葉に力が入った。瞬く間に周りの人に伝わり、たくさんの人が私の周りを取り囲んだ。歓声が上がり「おめでとう」と口々に祝福の言葉がかけられる。私は照れ笑いを浮かべながら、「ありがとう」と何度も返した。

アフリカ大陸縦断を終え、ひとつの区切りがついた。無事に歩き抜いたことに対する安堵や喜びで心が満たされていたとはいえ、ここで終わりだという実感がわかないのは、すでに「次」のことを考えているからだろうか。

1年近くに及んだアフリカの旅だったが、ひたすら目指してきた喜望峰は、辿り着いた瞬間に目的地から通過点へと変わっていた。

「次はアラビア半島を歩いてくれ」ドバイから来たという若い男が言うと、「コロンビアはどうだい? 南米大陸へおいで」とコロンビア人の観光客が口を挟んできた。私を囲む人たちから笑い声が上がり、私も同じように笑った。

さて次はどこへ行こうか。なにを目指そうか。漠々と果てしない大西洋を見つめながら思いを巡らせる。

どんな困難が立ちはだかろうとも恐れることはない。たとえ厳しく険しい道が現れたとしても、あきらめなければ、なんだってできるはずだし、この2本の足があればどこへでも行けてしまうのだから。

喜望峰までの最後の道を歩く。

アフリカ縦断の目的地、喜望峰に到着した。
エジプトのアレクサンドリアを発ってから 316日目のことだった。

エピローグ

アフリカが好きだ

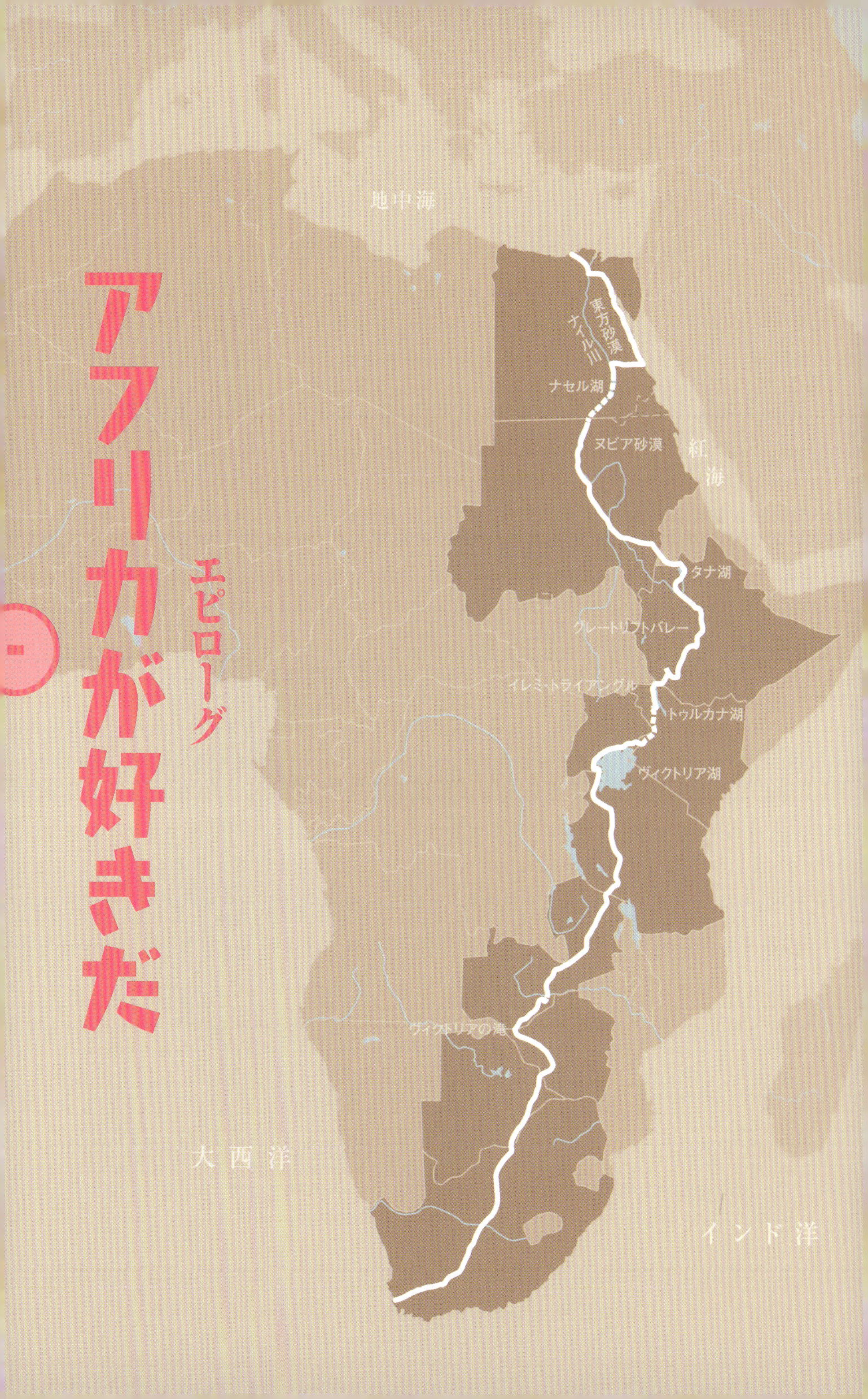

見覚えのない差出人からメールが届いたのはアフリカを発つ5日前のことだった。怪しげなメールは開かずに削除することが多々ある。

「白やぎさんたら読まずに食べた♪」と、読まずに削除しようと思ったが、思いとどまってメールを開いてみた。

「私は緊急の連絡パスポートを見つけます」

なんだこのへんてこな文章は……。そこには翻訳サイトを使って訳したと思われる日本語の文章と、私のパスポートの写真が添付されていた。ケープタウンで再発行されたばかりのパスポートではなく、強盗に奪われたパスポートである。

メールの差出人はボーフォート・ウエストでお世話になった警察官ブラウだった。

「もしパスポートが見つかったらここにメールを送ってくれ」

ボーフォート・ウエストを発つ前にメールアドレスを教えていたが、この文章と写真から察すると、どうやら私のパスポートが見つかったらしい。

「見つかったのか……」

ボーフォート警察のブラウ。彼にはたいへん世話になった。

誰に言うでもなくひとり呟いてみるが、焦点が定まらないカメラのようにぼんやりとして、実感がわかなかった。狐《きつね》につままれたような気分というのはこういうことなのだろう。驚きと困惑が入り混じった靄が晴れた後、少し遅れて喜びが込み上げてきた。

翌朝のバスでボーフォート・ウエストへ戻ることにした。首都プレトリア行きのバスを途中下車する形だ。

8日かけて一歩一歩、歩いてきた道だが、窓の外の景色はどんどんと流れていく。バスは6時間で走り抜け、あっという間にボーフォート・ウエストに到着した。この町にバスターミナルはなく、町外れのガソリンスタンドでバスを下車する。ここがブラウとの待ち合わせ場所だった。

黒い革ジャンを着た男が手を振っていたが、誰だろうと一瞬戸惑った。トレードマークの髭を剃っていたので違和感を覚えたが、よく見るとブラウだった。

ブラウは、「こっちだ」と車の中に入るよう促し、パスポートを手わたした。紛れもなく私のパスポートだった。パラパラとページをめくるが、破られたりはしていない。

「どうやって見つけたんだ?」

「捨てられていたのを見つけた人が警察に届けてくれたんだ」

コーヒーを啜りながらブラウは言った。すっかりあきらめていただけに、嬉しさのあまり、選挙立候補者のように無差別に握手して回りたくなった。誰彼かまわず、この顛末《てんまつ》を伝えたい衝動に駆られてしまう。アフリカを発つ直前にパスポートが見つかるなんて信じられない。奇跡的ではないか。

名前に年齢、性別など、どのような人が届けてくれたのかはわからない。少しでも謝礼をわたしたいがそれもできない。感謝の気持ちを直接伝えることすらできないが、心からの「ありがとう」を伝えたい。

パスポート発見の報を受け、カマウさんは言った。

「あなたのアフリカにおける真摯《しんし》な努力を神は見ていた」

「アフリカ・イズ・ビューティフル　―アフリカは美しい―」

アフリカの原風景、砂漠に落ちていく真っ赤な夕日、サバナを優雅に駆ける野生動物、あるいは魅力的な女性……。

あの日ジャンが言った「ビューティフル」がなにを指すのか、今となっては知る由もないのだが、彼と会って以来、その言葉は常に胸の中を浮遊し続けていた。そして気がつけば、「アフリカの美しさ」をこの目で確かめることが、アフリカ大陸縦断におけるテーマのひとつになっていた。

316日、1万1000キロを歩き抜き、アフリカのなにが美しかったかを改めて振り返ってみた。圧巻

ケープタウンの名所、ライオンズヘッドから見るテーブルマウンテン（右奥）。

ライオンズヘッドから一望するケープタウンの町並みと、どこまでも広がる大西洋。

だったサハラ砂漠、迫力ある野生動物との出会い、思わず後ろを振り返ってしまった美女、色とりどりの装飾を纏った先住民族など、「ビューティフル」と呼べるものはいくつもあった。しかし、「これだ」と納得できる答えは思い浮かばなかった。

単に感性が乏しいだけなのかもしれないし、ほんの10か月半歩いただけではアフリカが秘める内面に触れることはできず、美しさなどわかるはずないのかもしれない。

しかしあえて挙げるなら、それは人である。アフリカには良心に欺瞞《ぎまん》、欲望、邪心など、あらゆる感情が色濃く漂い、人間らしさが溢れる場所だった。彼らが見せる人間の本質も、「アフリカの美しさ」のひとつではないかと思う。

多くの人から見返りを期待しない優しさをもらい、救いの手を差し伸べられた。「マネー」と欲望を剥き出しにした子どもたちとも遭遇し、そんな彼らに対して怒りを露わにする自分も人間らしいなと思った。

戻ってきたパスポート(中央)。左は再発行された新パスポート、右はカイロで発行されたイエローカード。

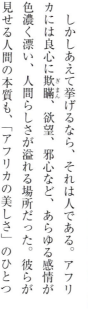

狡猾な人からはこの地で生きるうえでの逞しさを感じ、私の周りを囲み、じっと見つめる人たちは好奇心の塊だった。

南アフリカで私を襲った強盗は堕《お》ちるところまで堕ちた人間の姿であり、人間の弱さを表しているのかもしれない。そして最後の最後、私はまたアフリカの人の良心に救われた。

ニュートピアでは生きる力について教えられた。自然の恵みを享受しながら作物や家畜を育て、食べ物を得る。限られたモノを使って作り、修理する。決して恵まれてはいなかったが、そんな環境下で生き抜く術を彼らは知っていた。

アフリカには「ないもの」がたくさんあったが、私たちが持っていないものや失ったものをアフリカの人たちは持っていた。

アフリカでは、生きていることの手ごたえを感じる瞬間が幾度となくあったが、同時に人間の脆さも感じた。日本では「死」というものが漠然としか捉えられなかったけれど、アフリカには「死」が身近にあり、人々は一瞬一瞬を懸命に生きていた。

10か月以上にわたったアフリカ縦断徒歩行の相棒のリヤカーも汚れを落とし、帰国に備える。

右手で食事をとり、左手で尻を拭《ぬぐ》う生活は固定観念から解き放たれ、人間の原点に戻った気がした。

何度も怒り、文句を言い、理不尽に鬱憤を募らせて、早く終わらせたいと思ったのに、いざ去るとなるとなんでこんなにも寂しいのだろうか。

「アフリカの水を飲んだものは、再びアフリカに帰る」

アフリカにはこんな諺《ことわざ》がある。アフリカの大地を歩き、アフリカの水を飲み、アフリカの人たちと触れ合っていくうちに、私はアフリカに対して郷愁の念を抱くようになっていた。

今は自信をもって言える。「アフリカが好きだ」と。

愛すべき人々が暮らす美しきアフリカに、またいつか戻ってきたい。

7月29日、日本に向けてアフリカを発つ。離陸したばかりの飛行機の窓から見える、次第に遠ざかっていくアフリカの大地を目に焼きつけながら、私は呟いた。

ありがとうアフリカ。

さようならアフリカ。

カタール航空の飛行機。ドーハ経由で帰国の途につく。

執筆・写真　吉田正仁
地図　ジェオ
装幀・デザイン　村山純子
校正　竹形和弘
販売　佐々木俊典（小学館）
編集　宗形 康

リヤカー引いてアフリカ縦断

2019年4月22日　初版第1刷発行

著者　吉田正仁
発行者　山川史郎
発行所　株式会社小学館クリエイティブ
〒101-0051 東京都千代田区神田神保町2-14 SP神保町ビル
電話 0120-70-3761（マーケティング部）
発売元　株式会社小学館
〒101-8001 東京都千代田区一ツ橋2-3-1
電話 03-5281-3555（販売）
印刷・製本　図書印刷株式会社

ISBN 978-4-7780-3544-0